CRÉATIONS en BOIS
pour la maison

Direction de la publication
Carola Strang

Direction éditoriale
Carole Bat

Édition
Christine Dauphant

Direction artistique
Emmanuel Chaspoul
assisté de Cynthia Savage et Jacqueline Bloch

Conception graphique
Isabelle Chemin
Catherine Le Troquier

Mise en page
Catherine Le Troquier

Couverture
Étienne Hénocq
sous la direction de Véronique Laporte

Iconographie
Marie-Annick Réveillon

Lecture-correction
Chantal Pages, Édith Zha

Fabrication
Annie Botrel

Textes
Guy Loison

Photos
Yves Robic
(sauf celles mentionnées p. 160)

Illustrations
Laurent Blondel

LAROUSSE *Je peux le faire!*

CRÉATIONS en BOIS pour la maison

DÉCO, MEUBLES ET RANGEMENTS

LAROUSSE

21 Rue du Montparnasse 75283 Paris cedex 06

À savoir pour réussir

Meubles malins

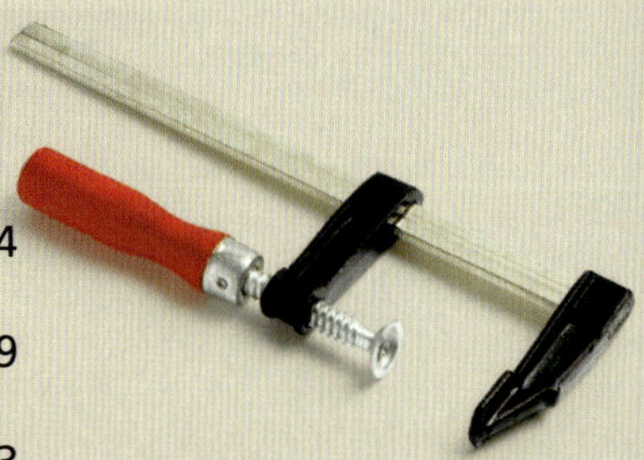

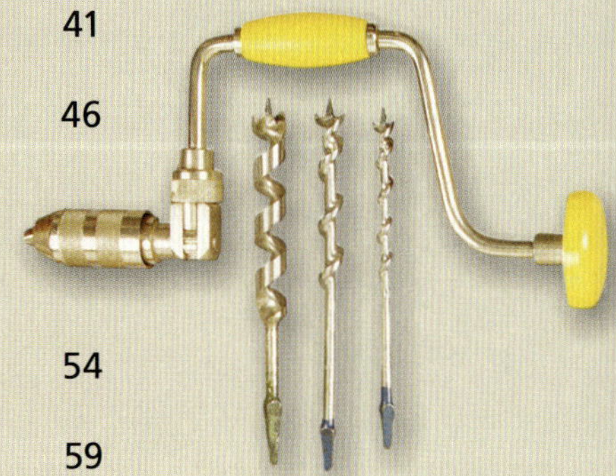

Rangements pratiques

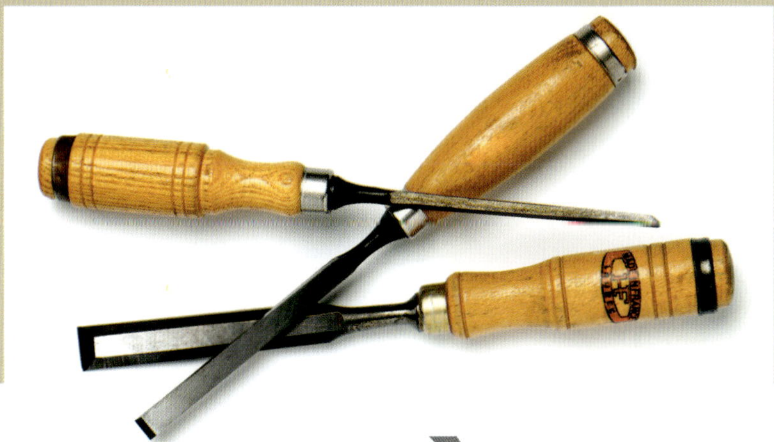

À savoir pour réussir

La panoplie du menuisier

Il n'est pas nécessaire de tout posséder. Vous vous équiperez au fur et à mesure des besoins.

1. La scie égoïne. Longue lame métallique permettant de débiter pièces de bois ou panneaux dérivés du bois. Choisissez une scie à denture trempée ne nécessitant pas d'affûtage.

2. La scie à dos. Scie dont le dos de la lame est renforcé par une nervure métallique qui permet d'obtenir un outil rigide utilisé pour réaliser des découpes précises sur les baguettes et les tasseaux de faible section.

3. Jeu de ciseaux à bois. Lame tranchante en bout, le ciseau à bois s'utilise pour creuser le bois. Choisissez trois ou quatre outils différents afin de posséder plusieurs largeurs de lame.

4. Le maillet en bois. Le maillet en bois s'utilise principalement sur des pièces en bois ou avec des outils risquant d'être marqués par l'utilisation d'un marteau classique.

5. Jeu de tournevis. Sur un tournevis de qualité, la lame est un acier forgé. Le manche en bois (ou en matériau de synthèse) possède une forme ergonomique afin de mieux

surfaces de grandes dimensions, remplacez les serre-joints par des sangles. Achetez les serre-joints par paire.

11. La perceuse-visseuse sans fil. La disparition du fil vous permet d'emporter la perceuse partout sans nécessité de disposer d'une prise de courant. Elle est légère, maniable et suffisamment puissante pour tous les travaux. Elle vous sera rapidement indispensable. Investissez dans une perceuse équipée d'une batterie de 12 volts qui présente un excellent rapport performances/prix.

12. La scie sauteuse. C'est l'un des outils les plus appréciés des débutants. Préférez une scie équipée d'un mouvement pendulaire réglable, d'un système d'aspiration des sciures, d'un sélecteur de vitesses et d'un socle inclinable autorisant les coupes en biais.

transmettre les mouvements de la main. L'extrémité de la lame correspond à l'empreinte de la tête de vis. Achetez un assortiment comportant des empreintes plates et cruciformes.

6. Le marteau. Choisissez un marteau de menuisier d'un poids de 300 à 400 g, que vous utiliserez principalement pour planter des clous.

7. Le mètre. Vous choisirez un mètre à ruban large d'une longueur de 5 mètres, à enroulement automatique et verrou de blocage.

8. La râpe. Outil en acier garni de petites dents pointues, utilisé pour façonner le bois, les métaux tendres, la pierre, le caoutchouc… La râpe sert à dégrossir une forme ou un volume.

9. Le rabot. Outil qui sert à dresser le bois par élimination de copeaux. Le rabot est très utile pour dégrossir, ajuster, affleurer, aplanir… Préférez un modèle métallique, plus facile à régler qu'un rabot en bois.

10. Les serre-joints. Accessoires indispensables, ils servent à maintenir provisoirement toutes sortes d'éléments. Pour des

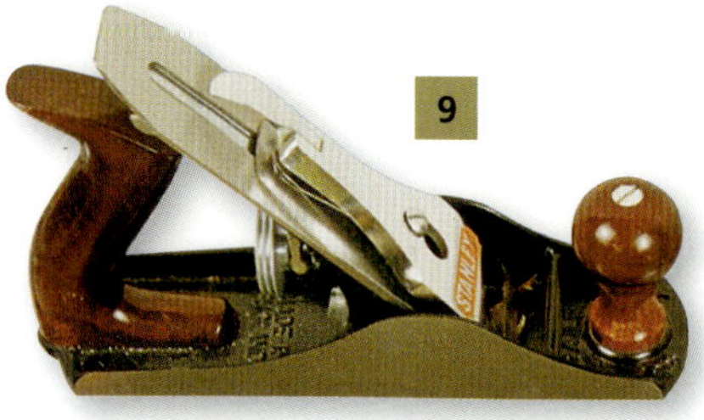

9

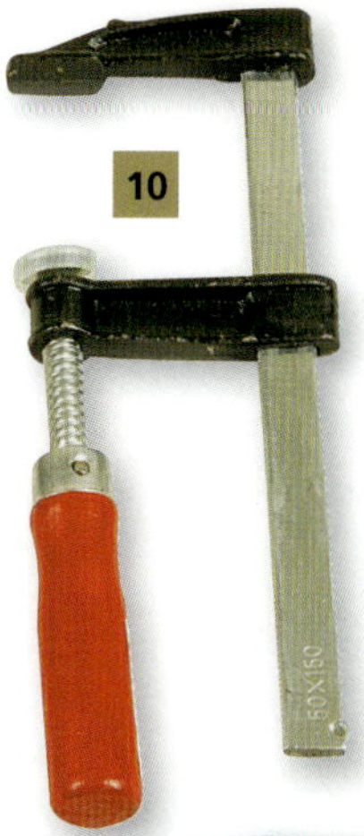

10

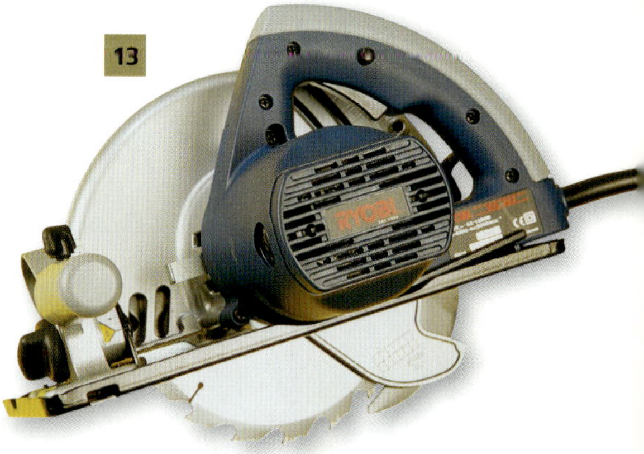

13

12

11

14

13. La scie circulaire. La scie circulaire coupe exclusivement en ligne droite mais elle peut être inclinée pour des découpes biaises. Puissante, elle s'utilise sur des éléments en bois massif ou sur des panneaux épais, jusqu'à 60 mm généralement.

14. La ponceuse vibrante. Le ponçage est une opération obligatoire précédant de nombreuses finitions. Plusieurs modèles de ponceuse (excentrique, à bande, delta, etc.) sont capables de réaliser cette opération. La ponceuse vibrante, ou sa dernière déclinaison la ponceuse multifonctions, sont très simples à utiliser. Le moteur électrique de faible puissance (250 W) imprime au plateau porte-abrasif un mouvement oscillant de déplacement rapide mais de faible amplitude, qui restitue une surface lisse et plane.

Connaître le bois

Les différentes essences

Le bois a toujours été un allié précieux de l'homme. Il lui apporte protection, chaleur - au sens propre comme au figuré - ainsi que confort et esthétique. Il tient une place de choix dans nos intérieurs. Il n'est pas rare qu'il soit, aujourd'hui encore, l'unique matériau utilisé dans la construction de certaines maisons. Présentant une grande variété d'essences, le bois est commercialisé sous de nombreuses formes. Chaque espèce possède des caractéristiques qui lui sont propres et qu'il est utile de connaître avant de se lancer dans la réalisation des projets présentés dans l'ouvrage.

Les essences européennes

Également appelées « bois locaux », les essences européennes regroupent toutes les espèces de feuillus qui poussent sous nos latitudes, les résineux formant une classe à part.

Les feuillus. Les feuillus laissent de plus en plus place aux produits dérivés et aux bois tropicaux. Ils sont surtout utilisés aujourd'hui pour le placage, les parquets, les menuiseries (portes et fenêtres) et les meubles de qualité.

Les résineux. Bien présentes en Europe, des Landes à la Scandinavie, ces espèces ont pris beaucoup d'importance. Le sapin, le pin, le mélèze ou encore le *red cedar* (appelé aussi « cèdre rouge », « pin rouge d'Amérique ») sont largement utilisés dans la vie quotidienne.

Les couleurs des bois qui figurent dans les tableaux ci-après n'apparaissent qu'à titre indicatif. Une même essence peut présenter des nuances différentes en fonction de divers facteurs comme l'âge, l'habitat, le type, etc.

Privilégier les bois certifiés

L'exploitation sauvage des forêts de par le monde pose de nombreux problèmes environnementaux, de préservation de la ressource, d'équilibre naturel et de respect des droits des populations locales. Vous pouvez éviter de participer à ces dévastations en privilégiant l'achat de bois certifiés (FSC, PEFC...). Les mentions, explicites, sont inscrites sur les emballages ou directement sur les pièces.

Les bois exotiques

Dans les forêts équatoriales et tropicales poussent des fûts de taille colossale rassemblés sous la dénomination de « bois exotiques ». Sous ce vocable se rangent un si grand nombre d'espèces aux caractéristiques si différentes que cette classification trop simpliste ne reflète pas toute la diversité de ces essences. L'ébène, l'acajou et le teck sont les plus prisés.

Essences des régions tropicales

Essence de bois		Provenance	Densité	Usages principaux
Acajou		Afrique, Amérique tropicale	0,6	Ébénisterie, menuiserie, agencement, décoration
Amarante		Amérique tropicale	1,0	Ébénisterie, menuiserie, tabletterie, parquets
Avodiré		Afrique	0,6	Menuiserie, agencement
Azobé		Afrique	1,0	Parquets
Balsa		Amérique tropicale	0,1	Isolant thermique et phonique
Bois de rose		Amérique tropicale	0,8	Ébénisterie, tabletterie, placage
Bois de violette		Amérique tropicale	0,9	Ébénisterie, tabletterie, placage
Ébène		Afrique, Asie tropicale	1,1	Ébénisterie, marqueterie
Okoumé		Afrique	0,5	Contreplaqué, menuiserie, moulures
Padouk		Afrique	0,7	Ébénisterie, charpente, menuiserie, placage
Palissandre		Amérique, Asie tropicale	0,9	Ébénisterie, tabletterie, placage
Sipo		Afrique	0,7	Ébénisterie, menuiserie, placage, agencement, contreplaqué
Teck		Asie tropicale	0,8	Ébénisterie

Feuillus des régions tempérées de l'hémisphère nord

Essence de bois		Provenance	Densité	Usages principaux
Bouleau d'Europe		indigène	0,6	Placage déroulé
Bouleau du Canada ou d'Amérique		Amérique du Nord, acclimaté en France	0,7	Contreplaqué
Châtaignier		indigène	0,6	Charpente, parquets, bois feuillards, ébénisterie massive, panneaux de particules et de fibres
Chêne		indigène	0,8	Placage décoratif, ébénisterie massive et plaquée, charpente, menuiserie extérieure, parquets, panneaux de particules
Chêne blanc, dit chêne d'Amérique		Amérique du Nord, acclimaté en France	0,8	Ébénisterie massive, menuiserie
Chêne-liège		indigène	0,2 (liège)	Revêtements et isolants, en plaques ou aggloméré
Frêne		indigène	0,7	Sièges, rampes d'escalier, placage décoratif
Hêtre		indigène	0,7	Meubles et sièges, cintrage, placage et bois améliorés
Merisier et merisier d'Amérique		indigène et Amérique du Nord	0,6	Ébénisterie massive et plaquée, sièges, placage décoratif et panneaux de lambrissage décoratif
Noyer et noyer noir (dit noyer d'Amérique)		Asie et Amérique du Nord (noyer noir), acclimatés en France	0,6	Placage, ébénisterie massive et plaquée, marqueterie
Orme		indigène	0,7	Placage décoratif (dont loupe), ébénisterie massive et plaquée, marqueterie, tabletterie
Peuplier		indigène et nombreux hybrides	0,4	Placage déroulé commun, âmes de panneaux lattés, contreplaqué, meubles, menuiserie
Platane		Moyen-Orient, hybride, indigène acclimaté en France	0,7	Menuiserie, placage décoratif, ébénisterie massive et plaquée
Poirier		indigène	0,8	Petite ébénisterie massive et plaquée, tabletterie, placage décoratif (teinté)

Résineux des régions tempérées de l'hémisphère nord				
Essence de bois		**Provenance**	**Densité**	**Usages principaux**
Pin maritime		indigène	0,6	Moulures, parquets et lambris, contreplaqué, panneaux de particules et de fibres
Pin sylvestre		indigène	0,5	Menuiserie, lambris, charpente, coffrage, âmes de panneaux lattés, contreplaqué, panneaux de particules
Sapin		indigène	0,5	Moulures, charpente, menuiserie intérieure, panneaux de particules et de fibres

Le bois massif

Le bois massif désigne tout ce qui est débité directement dans une bille de bois. Dans tous les cas, les bois débités doivent être séchés. Un bois n'est sec que si son taux d'humidité est inférieur à 22 %.

Le débit du bois

Le langage de la menuiserie définit chaque pièce de bois en fonction de sa section et de sa forme. Ainsi, dans une bille, vous pouvez débiter des madriers, des bastaings, des chevrons, des planches, des lambourdes, des feuillets, des frises, etc. Le langage courant a simplifié ces dénominations. Le terme de tasseau est utilisé pour la plupart des éléments de menuiserie, pour peu qu'ils soient de section carrée ou rectangulaire. Subsistent encore la planche et le plateau, facilement reconnaissables. Les pièces sont également désignées par leur emploi comme les montants, traverses et autres pieds.

Repérer les défauts

Pour bien choisir, vérifiez certains points :

▸ L'absence de gauchissement ou de vrillage des pièces en les posant à plat sur le sol. Vous distinguerez facilement les pièces voilées.

▸ L'absence de nœuds dont le cœur se détache et laisse un trou. Ils sont plus fréquents dans les résineux. Un nœud sain (ou adhérent) ne présente pas d'inconvénient pour la mise en œuvre du bois, à condition qu'il ne se trouve pas dans un assemblage ou sur une façade décorative.

▸ L'absence de fissures, fentes et autres gerces. Ces lignes de fracture d'origines diverses traversent une pièce de part en part, la rendant fragile et inutilisable.

▸ Vérifiez enfin la couleur du bois : un semis de petites taches noires, des zones gris-bleu signalent l'apparition de champignons parasites.

Le stockage du bois

Les conditions du stockage du bois ont leur importance. Dans les grandes surfaces spécialisées dans le bricolage, le principe industriel du flux tendu conduit parfois à mettre sur le marché des bois qui finissent de sécher en rayon, dressés à la verticale et appuyés en porte-à-faux. Ne vous étonnez donc pas de ne pouvoir mettre la main sur une planche droite ! Une astuce consiste à acheter vos planches à l'avance et à les laisser sécher, à plat, dans le garage, une à deux semaines avant de les utiliser.

1. Panneau de particules, aggloméré standard (épaisseur : de 10 à 22 mm). **2.** Panneau de fibres dur (épaisseur : 3 mm). **3.** Panneau de fibres dur perforé, laqué blanc sur une face (épaisseur : 3 mm). **4.** Panneau de fibres dur à carreaux de 10 cm x 10 cm, laqué sur une face. **5.** Panneau de fibres dur perforé (épaisseur : 3 mm). **6.** Panneau Triply à trois couches croisées (épaisseur : de 6 à 22 mm).

Les dérivés du bois

Il existe de nombreux types de panneaux dérivés du bois. Ils sont classés suivant leur mode de fabrication.

Le contreplaqué

Leur disposition intérieure confère aux panneaux en contreplaqué une bonne résistance et une excellente stabilité dimensionnelle.

Le contreplaqué latté. Le latté se compose d'une âme de forte épaisseur (de 10 à 15 mm environ), constituée de lattes de bois de section carrée ou rectangulaire. Les deux faces du panneau sont recouvertes d'un placage d'une essence décorative (croquis 1).

Le contreplaqué lamellé. L'âme du panneau est constituée de fines lamelles de bois placées sur chant et collées entre elles. Les deux faces du panneau sont recouvertes de une ou deux feuilles de placage d'essence décorative. Cette finition soignée fournit en quelque sorte un latté de luxe (croquis 2).

Le contreplaqué multiplis. Il se compose de minces feuilles de bois déroulées, appelées plis. Ces feuilles (de 1 à 3 mm d'épaisseur) sont croisées, empilées, encollées et pressées à chaud, toujours en nombre impair. Pour faire varier l'épaisseur, il suffit d'augmenter le nombre de plis (7, 9, 15, 17, etc.) [croquis 3].

La fabrication du contreplaqué utilise différentes essences de bois. Les plus courantes sont l'okoumé, le hêtre, le peuplier et le pin maritime. Pour des réalisations devant être teintées, lasurées ou vernies, préférez le peuplier dont la couleur claire facilite la mise en teinte.

Toute en bois peint en blanc, cette chambre dégage une atmosphère sereine et chaleureuse.

Du bon usage du contreplaqué

Le contreplaqué sert à peu près à tout.

Le contreplaqué standard. Il possède en général trois ou cinq plis et s'utilise à l'intérieur, dans des pièces sèches. Pour les pièces humides, il faut choisir un contreplaqué CTB-H. Pour l'extérieur, on choisira le CTB-X, un contreplaqué marine adapté aux conditions extérieures.

Le contreplaqué replaqué bois. Il est recouvert d'une essence de placage fine, comme le chêne, à fonction décorative.

Le contreplaqué revêtu de PVC. Recouvert d'un placage décoratif, il est destiné à être utilisé dans la fabrication des plans de travail et de meubles de cuisine ou de salle de bains.

Les différents types de contreplaqué

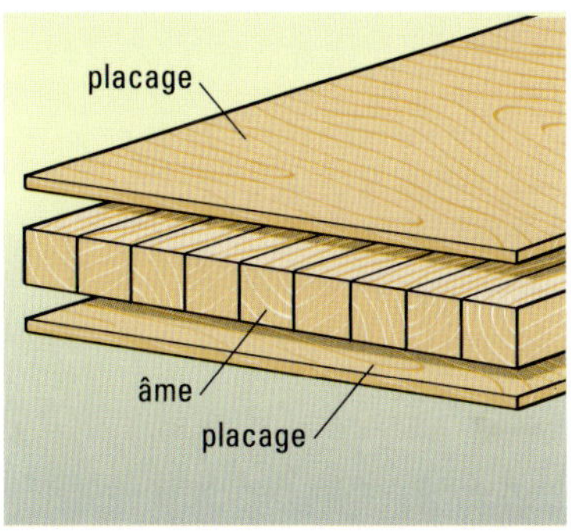

1. Structure d'un contreplaqué latté. L'âme est constituée de tasseaux de section carrée, disposés à fil contrarié : alternativement incliné vers la droite et vers la gauche, et plus ou moins droit.

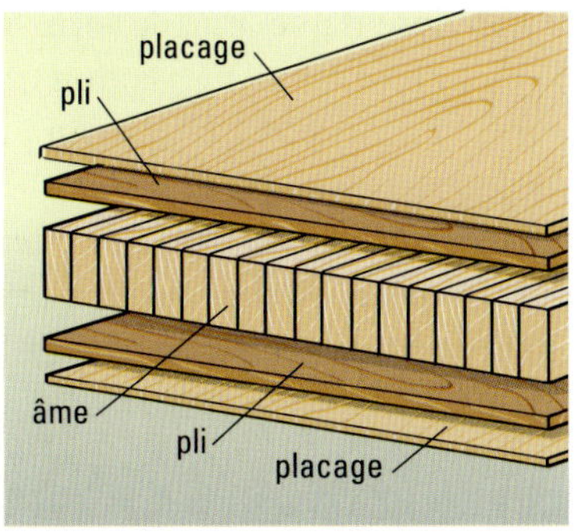

2. Structure d'un contreplaqué lamellé. L'âme est composée de fines lamelles collées entre elles, ce qui donne une meilleure résistance au panneau.

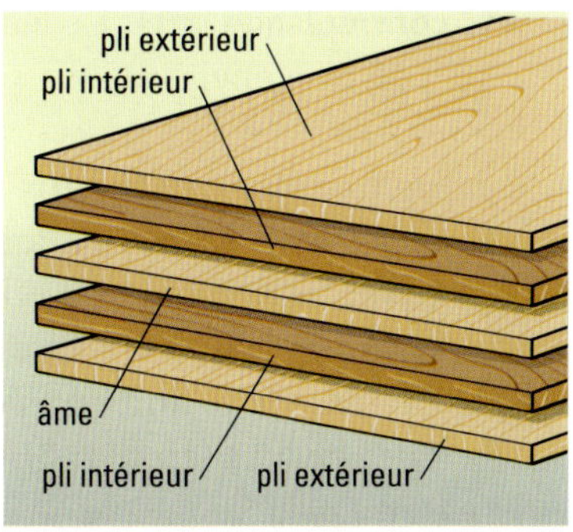

3. Structure d'un contreplaqué multiplis. Plusieurs feuilles de bois sont empilées à fil contrarié : le fil d'un pli est toujours disposé perpendiculairement au fil du pli précédent.

Les agglomérés

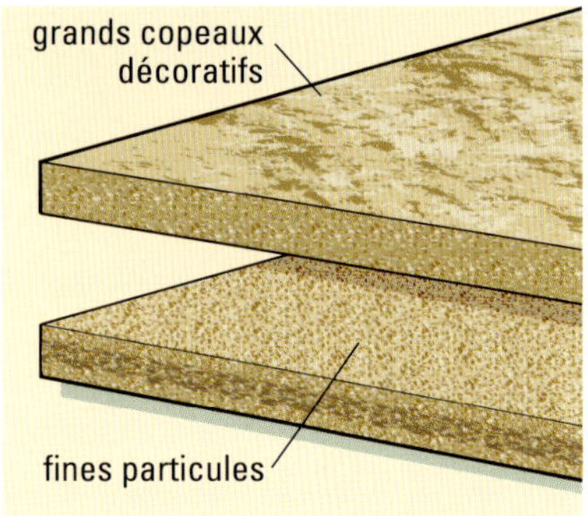

1. Aggloméré pressé à plat. Les faces du panneau peuvent être constituées de fines particules ou de grands copeaux décoratifs.

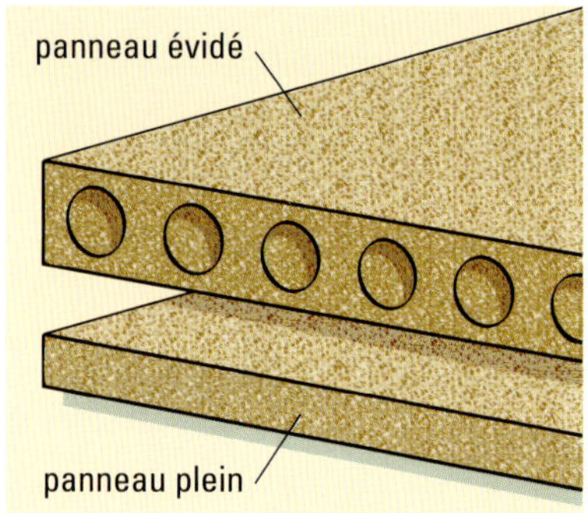

2. Aggloméré extrudé. Les panneaux d'épaisseurs courantes sont pleins ; au-delà d'une certaine épaisseur (50 mm et plus), l'âme peut comporter des alvéoles tubulaires.

L'aggloméré

L'aggloméré est fabriqué à partir de déchets de bois (branches, chutes, copeaux, etc.), broyés en particules et mélangés à des résines synthétiques. L' « agglo » se reconnaît à son aspect granuleux. À l'état brut, appelé aussi « poncé deux faces », il est proposé en panneaux ou en dalles pour la fabrication de planchers ou de cloisons. Il est aussi vendu au détail pour la réalisation d'étagères et de plateaux. C'est un produit économique, facile à découper, qui présente de bonnes caractéristiques mécaniques.

Les panneaux pressés. Ils sont obtenus par chauffage et pressage à plat de fines particules d'aspect granuleux ou en disposant de grands copeaux de bois minces parallèlement aux deux faces. C'est le cas du Triply (encadré et croquis 1).

Les panneaux extrudés. Cette méthode de fabrication spéciale permet d'obtenir, outre des panneaux pleins, des fabrications à âme évidée comportant une série d'alvéoles tubulaires sur toute la longueur (croquis 2).

Du bon usage de l'aggloméré

L'aggloméré est utilisé par les industriels comme base pour de nombreux produits comme des parquets flottants, des étagères, des plans de travail, des structures de meubles de toutes natures (kits, canapés, placards, etc). Il est alors recouvert d'un parement mélaminé, stratifié, lamifié ou en placage d'essence fine, sur une, deux ou quatre faces.

Comme le contreplaqué, il existe en versions « standard » ou spécialement traitée contre l'humidité (panneaux de couleur verdâtre).

Tous ces panneaux sont commercialisés dans des épaisseurs variant de 5mm à 70 mm, les dimensions de 35, 40, 50 et 70 mm étant plus spécialement destinées aux éléments de cloison.

Sur le marché de détail, vous trouverez plus couramment les épaisseurs suivantes : 12, 16, 19, 22 et 25 mm.

Le Triply

Il s'agit d'un panneau particulier composé de trois couches croisées de lamelles de pin tranchées et orientées. Le tout est pressé et collé. C'est un matériau relativement économique, offrant les mêmes usages que l'aggloméré mais il est plus résistant. Il est disponible en épaisseurs de 6 à 22 mm.

Les panneaux de fibres

Les particules utilisées pour la fabrication de panneaux peuvent être si fines qu'elles ne sont plus identifiables à l'œil nu : il s'agit de panneaux de fibres. Comme dans l'aggloméré, ces fibres sont mélangées à un liant puis pressées. Plus la pression exercée est importante, plus le panneau fabriqué est résistant. De ce fait, les panneaux de fibres se classent selon leur densité.

Le panneau H.D.F. Ce type de panneau à haute densité de fibres est plus connu sous le nom de « panneau de fibres dures ». Il s'emploie comme support de panneaux décoratifs ou de lames de parquet.

Le panneau M.D.F. Le panneau à moyenne densité de fibres, appelé aussi « médium », présente un aspect uniforme sur les quatre faces, parfaitement calibré. Il se travaille facilement. On peut le scier sans produire d'éclats ni d'échardes car il ne présente pas de sens de fil. Ses faces étant lisses, il réclame peu de préparation avant décoration. L'application d'une couche d'impression est toutefois nécessaire pour limiter la porosité du matériau.

Le panneau postformé. Il est fabriqué à plat puis retravaillé à chaud et sous pression pour prendre la forme souhaitée. Selon l'épaisseur ou la qualité, il possède une âme en aggloméré ou en M.D.F.

Le panneau décoratif. Il utilise aussi le M.D.F. ainsi que le contreplaqué fin. De faible épaisseur, il ne dépasse pas 5 mm. Il est généralement revêtu d'un décor mélaminé ou stratifié qui reproduit le fil d'essences fines ou des décors originaux. Ce panneau sert surtout en doublage décoratif pour les murs ou pour réaliser un faux plafond, etc.

Les dimensions. Le M.D.F. est proposé à partir de 3 mm d'épaisseur et jusqu'à 30 mm pour les usages courants. Fin, il se plie sans casser, ce qui permet la réalisation de formes arrondies, même avec un rayon de courbure prononcé. Épais, il présente des caractéristiques de résistance à la charge supérieures à celles de l'aggloméré.

Ce type de panneau est souvent utilisé en remplacement de l'aggloméré pour la fabrication d'éléments composites, et notamment les plans de travail.

Quel format choisir ? Aucune importance ! Seule l'épaisseur compte. En effet, la majorité des revendeurs disposent d'un atelier de découpe sur mesure. Il n'est donc pas nécessaire d'acheter les panneaux entiers. La plupart du temps, ce service n'est pas facturé à part mais compris dans le prix du mètre carré débité.

Facile à découper et économique, l'aggloméré est un matériau idéal pour donner libre cours à votre imagination !

Avant de commencer...

Créer utile et pratique

Créer, fabriquer, personnaliser, c'est bien. Mais encore faut-il intégrer vos réalisations dans votre vie quotidienne et votre espace.

Les solutions gain de place

Pour agrandir l'espace, n'hésitez pas à décloisonner les pièces. Le salon gagne en volume mais accueille une cuisine à l'américaine ou un espace pour le bureau. De même, la chambre s'équipe d'un coin douche, le garage d'un atelier, la salle de jeux d'une chambre d'ami, etc.

Des panneaux coulissants, des stores, des paravents, des étagères à claire-voie ou une séparation à mi-hauteur adaptent la pièce aux besoins du moment, modulent la lumière, les volumes, l'intimité et apportent une touche de décoration originale. Pour chaque pièce, des astuces permettent de tirer le meilleur parti de l'espace disponible.

Dans la chambre. Le lit-podium est plein de ressources, grâce à ses tiroirs aménagés sous le sommier. Le lit-mezzanine aussi, lorsqu'il permet d'aménager un bureau complet sans occuper plus de surface qu'un sommier standard. Pour les parents, le lit est équipé de chevets et de rangements latéraux.

Cette astucieuse composition est réalisée à partir de petits blocs-tiroirs.

Dans la cuisine et la salle de bains. Les éléments intégrés en kit règnent en maître. L'idéal est de les composer sur mesure en fonction de l'espace disponible De nombreux revendeurs peuvent vous aider dans cette phase de préparation. Avec une certaine habitude de la menuiserie, il est tout à fait possible de personnaliser la décoration, en combinant les modules industriels en kit avec des portes, bandeaux et plans de toilette fabriqués sur mesure.

Dans les pièces annexes. Ne sacrifiez pas la buanderie, la cave ou le grenier sur l'autel des grands espaces. Au contraire, si vous souhaitez ne pas encom-

Gain de place maximum grâce à cet aménagement de dessous d'escalier composé de meubles télescopiques.

Des tiroirs ou des caisses montés sur des roulettes sont des rangements pratiques, originaux et souvent décoratifs.

brer les pièces à vivre, ces annexes, ainsi que les couloirs, les dessous d'escalier et les recoins doivent être mis à profit pour installer des rangements pratiques. Pour cela, ces derniers doivent tenir compte de l'usage prévu.

Par exemple, pour entreposer des cartons ou de gros objets, les étagères doivent être placées à proximité du sol, profondes et résistantes. À l'inverse, plus l'étagère est placée en hauteur, plus sa profondeur doit être réduite afin de toujours pouvoir atteindre le fond du rangement.

Faites aussi attention à l'intervalle entre deux rayons d'étagères. Pensez que 20 cm suffisent pour ranger des livres de poche et permettent de monter de nombreux rayons le long du mur jusqu'au plafond, augmentant ainsi la surface de rangement.

Les rangements et les meubles

Le rangement est associé aux cloisons auxquelles il est physiquement relié. Le meuble est indépendant et se pose où bon vous semble. Ce sont deux moyens d'aménagement différents. Servez-vous d'abord du premier pour adapter les volumes de la pièce, puis ajoutez des meubles selon vos besoins. Mais attention aux excès ! Veillez à laisser des espaces de circulation suffisants, pensez à vérifier que l'ouverture d'une porte de placard ne bloque pas l'accès, etc.

Bien s'organiser

Quelques outils, un peu d'aide et beaucoup d'envie. C'est tout ce qu'il vous faut pour commencer à travailler le bois, réussir vos premières réalisations et poursuivre l'aventure.
Mais attention, à la manière d'une recette de cuisine, une réalisation de menuiserie se décompose en plusieurs étapes qu'il faudra veiller à respecter.

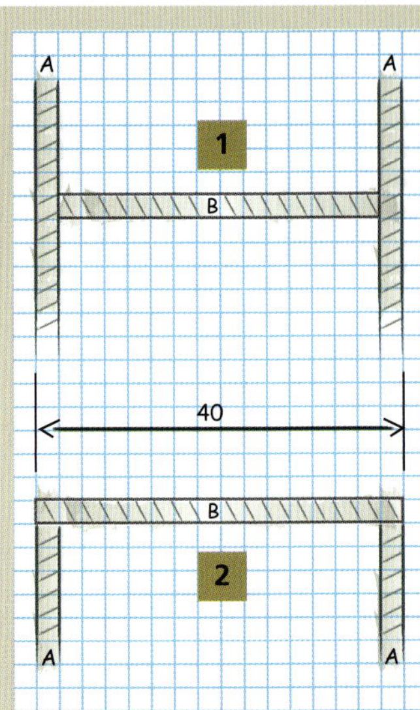

1. Entre deux montants (A), la largeur de l'étagère (B) dépend de l'épaisseur des panneaux utilisés.
2. Si l'étagère est placée au-dessus, sa largeur est constante.

Faire un plan

La première phase de la réalisation débute par le plan et la feuille de débit. Lorsqu'il ne figure pas dans le livre, le plan peut être simplement un dessin tracé sur une feuille à petits carreaux, avec des vues de face, de côté et de dessus.
► Choisissez une échelle simple, par exemple 1 carreau pour 5 ou 10 cm. Une règle graduée suffit alors pour respecter les proportions. Ce plan vous est utile pour numéroter les pièces, en calculer le nombre nécessaire et en mesurer les dimensions. Vous obtenez alors la feuille de débit, c'est-à-dire la liste de tous les éléments qui composent la réalisation.
Lorsque vous en aurez pris l'habitude, savoir dessiner un plan vous ouvre les portes du sur mesure. La technique est toujours la même, mais vous allez devoir éviter quelques pièges en faisant preuve d'imagination. Ainsi, la méthode d'assemblage et la section des pièces jouent directement sur leurs dimensions.
► Prenons l'exemple d'une étagère placée entre deux montants. Le tout doit mesurer 40 cm de large :
Avec des panneaux de 16 mm d'épaisseur, l'étagère centrale mesure 36,8 cm, soit 40 cm moins l'épaisseur des deux montants (2 x 1,6).
Avec des panneaux de 22 mm, elle ne mesure plus que 35,6 cm (40-4,4), etc (coquis 1).
En revanche, si cette étagère est posée sur les montants, elle mesurera toujours 40 cm, quelle que soit l'épaisseur des panneaux.

En feuilletant le livre, vous allez choisir une réalisation. Lisez-la en entier pour bien comprendre les techniques employées. Tâchez d'en estimer la difficulté en fonction de vos capacités et de l'outillage dont vous disposez.

Prendre son temps

La première erreur à éviter est de croire que le temps de réalisation indiqué correspond à celui que vous allez passer. C'est une indication en valeur absolue, qui ne tient pas compte des temps de séchage de la colle ou de la finition choisie. En réalité, vous ne pourrez bricoler que de façon plus ou moins épisodique. Il vous faudra plusieurs soirées, peut-être un mois, ou plus, pour terminer. Quelle importance ? Au moins, votre réalisation sera bien faite. Si vous voulez aller trop vite, elle sera bâclée et... ratée !

Pour bien travailler le bois, avoir des outils adaptés et de qualité est indispensable.

Prévoir de l'espace

On ne bricole pas sur un coin de table de cuisine. L'idéal est de pouvoir disposer d'un atelier indépendant ou aménagé dans la cave, le grenier ou le garage. Vous aurez besoin d'une grande surface de travail. Un grand panneau posé sur des tréteaux peut faire l'affaire au début. Et puis pensez tout de suite au rangement des outils et des divers matériaux qui vont rapidement s'accumuler. Il serait dommage de jeter car un morceau de planche ou de tasseau peuvent toujours servir.

Dans un appartement, négociez un grand placard pour ranger vos affaires… ou fabriquez-le. Achetez un établi pliant. Évidemment, il faudra tout ranger à chaque fois. Il va falloir être ordonné !

Bien s'équiper

Soyez-en sûr, il vous manquera toujours « l'outil qui va bien » ! Alors équipez-vous au fur et à mesure de vos besoins. La plupart des réalisations présentées peuvent être réussies avec un minimum d'outillage.

Où trouver le bois ?

Les produits courants, tasseaux et panneaux, se trouvent dans les grandes surfaces de bricolage et chez les revendeurs spécialisés. Les essences rares et les produits spéciaux sont fournis par les négoces professionnels. Ceux-ci, pour la plupart, sont ouverts au grand public, moyennant, parfois, une commission supplémentaire.

miró
miró

Meubles

malins

miró
miró
CASSETTES

Un lit podium double couchage

Entièrement réalisé en pin massif, cet ensemble complet et adaptable à volonté, dispose de deux couchages de 90 cm de largeur, d'un petit bureau et de nombreux rangements. Une réalisation idéale pour un enfant à partir de 7 ans !

Les outils

- scie sauteuse
- perceuse-visseuse
- marteau
- guide de tourillonnage
- pinceau
- nécessaire de tracé

Adaptable à volonté !

L'ensemble mesure 300 cm de longueur sur 100 cm de largeur. La hauteur du podium est de 64 cm. La place dévolue au couchage représente 210 cm de long. Les étagères comportent un petit plan de travail de 40 cm de profondeur, placé à 70 cm de hauteur par rapport au podium, et surmonté de deux étagères de 30 cm de profondeur.

► Si vous êtes limité en largeur, supprimez tout ou partie du côté gauche pour ne conserver que les couchages. Il suffit alors d'adapter les longueurs des planches d'appui, à 210 cm au minimum, au lieu de 300 cm ou 270 cm. Vous pouvez également supprimer la deuxième rangée de rangement. Dans ce cas, les 10 planches B du dessus du podium, posées perpendiculairement (photo 5), seront remplacées par deux nouvelles planches, de 30 x 270 cm, posées sur la longueur (photo 1).

Des assemblages par tourillons

À la base, l'ensemble repose sur trois traverses inférieures qui délimitent l'emplacement du tiroir et des rangements. De droite à gauche, elles sont disposées respectivement à 0 cm, 210 cm et 270 cm sous la planche intermédiaire. Notez que celle-ci mesure 270 cm au lieu de 300 cm, ce qui permet d'aménager un rangement plus haut sur la gauche. Cette astuce vous offre 30 cm de marge afin d'adapter sur mesure la longueur totale de l'ensemble.

À noter: pour faciliter le vissage, percez des avant-trous de 3 mm de diamètre.

► Le dessus du podium repose sur le second niveau du rangement, plus précisément sur les entretoises qui en constituent les cloisons, la grande planche qui fait office de fond et une autre, vissée dans le mur. Pour être au même niveau que le reste, cette dernière est placée sur des cales de 22 mm d'épaisseur, clouées sur les traverses inférieures.

► Les cloisons ne mesurent que 37,8 cm de longueur. Elles permettent ainsi de poser le fond du rangement sur la planche intermédiaire précédente. Sous le couchage, et de droite à gauche, les cloisons sont placées à 0 cm, 90 cm, 120 cm, 210 cm, 240 cm et 270 cm.

Le lit tiroir

Le dos du tiroir ne mesure que 25 cm de hauteur de façon à se glisser facilement sous le podium. Pour l'assemblage, commencez par poser les tasseaux d'appui en partie basse des planches de dos et de devant. Ajoutez deux équerres métalliques pour renforcer la fixation du panneau avant. Les quatre lattes qui supportent le sommier sont vissées sur les tasseaux d'appui, en respectant un espacement de 64 cm environ entre elles.

Feuille de débit (en cm)

Pour un ensemble double couchage de 300 x 100 x 64 cm (largeur, profondeur, hauteur)
Tous les éléments sont en pin raboté de 22 mm d'épaisseur

▶ Pour la structure

- **A** intermédiaire : 1 planche de 270 x 40 cm
- **B** traverses inférieures dessus : 13 planches de 100 x 30 cm
- **C** cloisons rangement supérieur : 6 entretoises de 37,8 x 30 cm
- **D** cloison inférieure : 1 entretoise de 40 x 30 cm
- **E** fond de rangement appui contre mur : 2 planches de 300 x 30 cm
- **F** fond de rangement inférieur : 1 planche de 60 x 30 cm

▶ Fournitures

- tourillons de 8 mm de diamètre
- vis à bois de 4 x 50 mm et 4 x 40 mm
- clous tête plate de 50 mm
- 2 équerres en L (50 x 50 mm)
- 4 roulettes
- 2 poignées, peinture acrylique satinée
- colle blanche.

▶ Pour les étagères

- **G** plateau bas : 1 planche de 100 x 50 cm
- **H** plateaux hauts : 2 planches de 100 x 30 cm
- **I** : 3 tasseaux de 30 x 30 mm de section (1 de 50 cm et 2 de 30 cm)
- **J** montant bas : 1 planche de 70 x 30 cm
- **K** montants intermédiaires : 2 planches de 30 x 30 cm
- **L** montant supérieur : 1 planche de 30 x 50 cm

▶ Pour le lit tiroir

- **N** dos : 1 planche de 208 x 25 cm
- **P** devant : 1 planche de 208 x 29,5 cm
- **Q** côtés : 2 planches de 96 x 20 cm
- **R** lattes : 4 tasseaux de 40 x 20 mm de section et 96 cm de long
- **S** appuis : 2 tasseaux de 30 x 30 mm de section et 204 cm de long
- **T** : 1 panneau en contreplaqué standard de 204 x 96 cm en 10 mm d'épaisseur

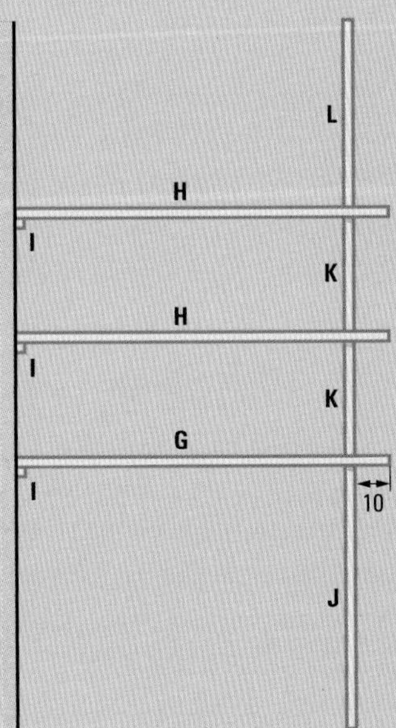

CÔTÉ

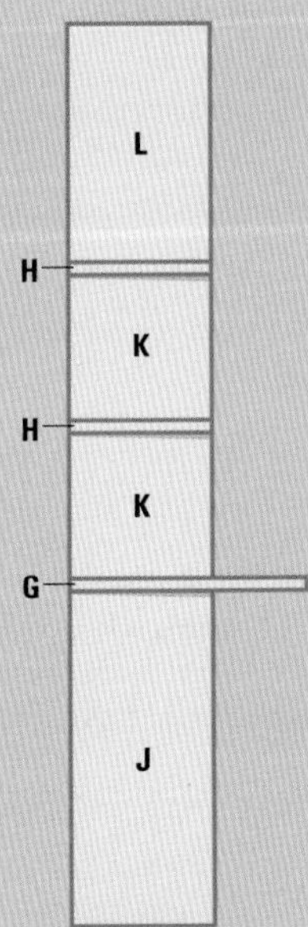

FACE

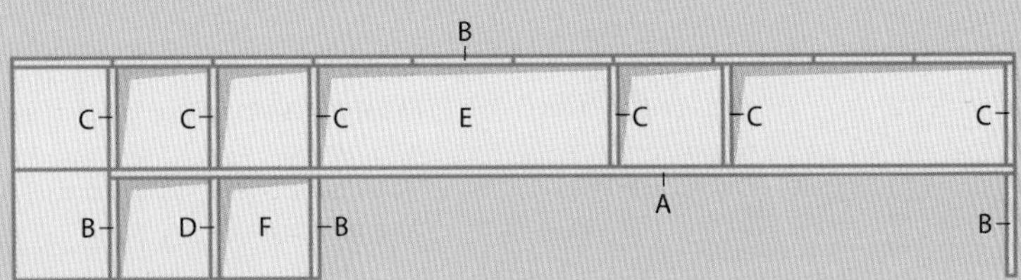

FACE

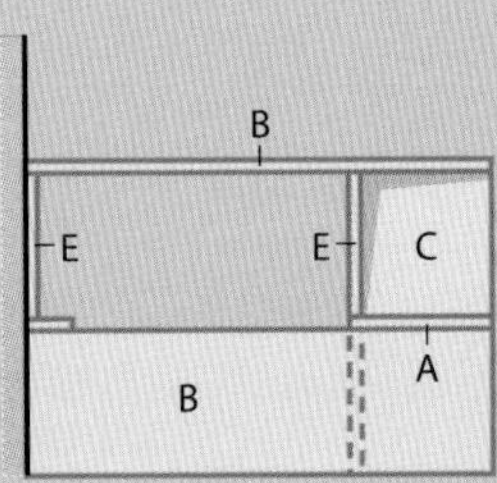

CÔTÉ

1 Comment réaliser un lit podium double couchage

1. Commencez par placer les traverses inférieures B, sur chant. Celle de gauche peut être vissée dans le mur. Posez dessus la planche intermédiaire A et vissez-la à la perpendiculaire. Pour faciliter l'ajustement, vous aurez au préalable tracé des repères à 0, 210 et 270 cm en partant de la gauche.

2. Les cloisons des rangements supérieurs C sont assemblées avec des tourillons. Les repères sont tracés à 0, 90, 120, 210, 240 et 270 cm en partant de la gauche. Faites de même pour la cloison du rangement inférieur D, placée à mi-chemin entre les deux traverses B.

3. Contre le mur du fond, clouez une cale de 2 cm d'épaisseur à l'extrémité des trois traverses B.

4. Le fond de rangement E est plaqué à l'arrière des cloisons C et posé en appui sur la planche A. Il est vissé dans le chant des cloisons C. Faites de même pour le fond de rangement inférieur F, puis posez la seconde planche E contre le mur, dans lequel vous la visserez.

5. Mettez en place les planches B du dessus du podium. Elles sont reliées les unes aux autres par trois tourillons. Renforcez la fixation en les clouant sur les cloisons C et les planches E. Attention, si l'angle du mur n'est pas rigoureusement perpendiculaire, il conviendra de recouper sur mesure les deux planches d'extrémités, à droite et à gauche.

2 Comment réaliser un lit podium double couchage

6. Montez les étagères. D'un côté, elles reposent sur les montants J et K, placés en retrait de 10 cm des bords de chaque tablette. De l'autre côté, elles sont simplement posées en appui sur des tasseaux I vissés dans le mur. En pratique, placez le premier montant J contre le mur. Tracez sa limite supérieure. Vissez le premier tasseau au ras de cette limite, puis posez le montant J à sa place définitive, à 90 cm de distance depuis le mur du fond. Il est fixé par deux tourillons sur la première planche du podium. Placez ensuite le plateau G, également tourillonné, puis poursuivez de la même façon pour poser les montants K et les tablettes H.

7. Fabriquez le lit tiroir. Commencez par visser les tasseaux d'appui S à la base du devant P et du dos N. Reliez ces deux parties par les côtés Q, assemblés par des tourillons. À l'avant, renforcez cet assemblage en posant deux petites équerres, puis vissez les lattes R sur les tasseaux S, en respectant un écartement de 64 cm environ.

8. Les deux poignées de manœuvre peuvent être achetées toutes faites ou fabriquées avec des chutes de tasseau de 20 x 20 mm de section. Elles sont vissées au travers du devant P.

9. Les roulettes sont vissées dans les lattes aux quatre coins du lit. Elles mesurent exactement 35 mm de hauteur hors tout de façon à dépasser de 5 mm seulement le dessous du tiroir.

10. Le fond T est simplement posé sur les lattes et reste amovible.

11. Vous terminerez votre réalisation par sa décoration. L'ensemble peut être, au choix, teinté, lasuré, vernis ou peint. Dans tous les cas, appliquez au moins deux couches, au pinceau ou au rouleau.

Un meuble de toilette avec vasque

Sobre et distingué, ce petit meuble de toilette est relativement facile à fabriquer. Différentes solutions seront envisagées en fonction de l'outillage dont vous disposez. L'idéal est d'être équipé d'une machine à bois qui permet de profiler avec précision les différentes pièces de bois. À défaut, une défonceuse performante fera l'affaire. Sinon, quelques astuces de montage vous permettront malgré tout de réaliser ce meuble, même si vous ne disposez que de l'outillage de base, une perceuse et une scie sauteuse.

Les outils

- machine à bois ou défonceuse
- scie sauteuse
- perceuse-visseuse
- scie cloche
- marteau
- chasse-clou
- clés
- tournevis
- pinceau
- nécessaire de tracé

Une conception simple

À la base, ce meuble de toilette avec vasque s'apparente à une simple table de 90 cm de largeur, 60 cm de profondeur et 90 cm de hauteur, sur laquelle sont posés un mitigeur à bec haut et une vasque en céramique. Il comporte deux parties, soit un plateau, bordé de tasseaux, reposant sur une assise composée d'un cadre et de quatre pieds. Il n'y a pas d'assemblage compliqué puisque tous les éléments sont collés, cloués, vissés ou reliés avec des équerres métalliques.

Le choix des matériaux

Une grande liberté vous est offerte concernant le choix des matériaux. Si vous souhaitez un meuble à la décoration raffinée, fabriquez-le en chêne ou en teck, massif pour l'assise, en placage pour le plateau.

▸ Vous pouvez également acheter du pin, moins cher et facile à trouver. Sa couleur claire accepte en outre tous les types de finition. Vous pouvez conserver au meuble son aspect naturel (avec un vernis satiné incolore), le teinter ou le peindre. Veillez simplement à choisir un produit de finition résistant à l'eau.

▸ Le plateau présenté est fabriqué à partir d'un panneau en aggloméré, traité contre l'humidité (CTBH) et recouvert d'un placage en bois véri-

Profils divers

Les ferrures d'angle ainsi que les équerres de blocage de l'assise sous le plateau imposent de profiler les tasseaux de cadre pour permettre leur montage sans difficulté. Si vous ne disposez pas d'une machine à bois ou d'une défonceuse, tentez de les encastrer au ciseau à bois. Sinon, la meilleure solution reste encore de choisir d'autres types de ferrures et d'équerres d'assemblage qui ne nécessitent pas de profils spéciaux.

table. Une astuce consiste à utiliser un panneau de même nature mais recouvert d'un décor stratifié qui résiste mieux à l'usure, aux taches et à l'eau.

Des particularités de montage à bien respecter

Le meuble est fabriqué à l'envers, c'est-à-dire d'abord le dessus puis le dessous. L'envers du plateau sert ainsi de repère pour fixer l'assise (photo 2).

► Les rebords du plateau sont de simples tasseaux collés et cloués, le plus petit étant placé à l'avant.

► Le cadre de l'assise se compose de tasseaux, de même section que les pieds, qui composent les côtés et l'arrière.

► À l'avant, un bandeau H plus important, de 10 cm de largeur, permet de visser la tringle porte-serviettes. Cette traverse avant se compose donc de deux pièces, le bandeau H et un tasseau de section carrée G, collés ensemble avant l'assemblage final.

Problème de quincaillerie

Les ferrures d'angle présentées sont des modèles spéciaux (voir photo 3 page 32). Si vous ne parvenez pas à les trouver dans le commerce, remplacez-les par des équerres en L standard. Placez d'abord toutes les pièces sur les repères tracés sur l'envers du plateau. Assemblez les traverses entre elles aux quatre angles (A), puis ajoutez deux nouvelles équerres à chaque pied pour les solidariser avec les traverses (B). Ces équerres peuvent être encastrées dans l'épaisseur du bois en creusant leur emplacement avec un ciseau à bois.

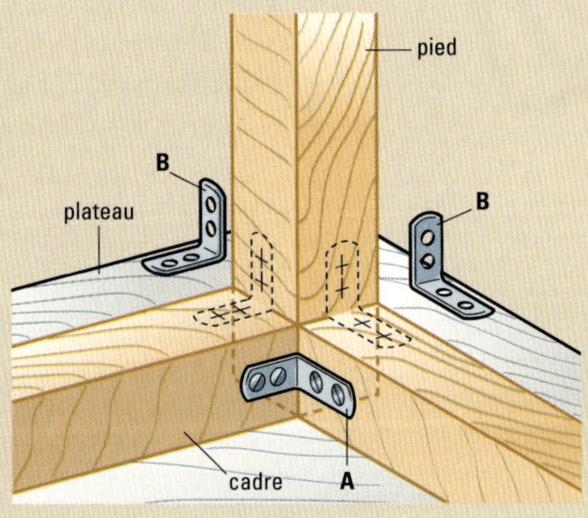

Feuille de débit (en cm)

Pour un meuble de 90 x 60 x 90 cm
(largeur, profondeur, hauteur)

- **A plateau :** 1 panneau en aggloméré hydrofugé, stratifié ou replaqué de 87 x 57 cm, en 19 mm d'épaisseur
- **B côtés :** 2 tasseaux de 15 x 50 mm de section et 60 cm de long
- **C dos :** 1 tasseau de 15 x 50 mm de section et 87 cm de long
- **D devant :** 1 tasseau de 15 x 20 mm de section et 87 cm de long
- **E côtés de cadre d'assise :** 2 tasseaux de 50 x 50 mm de section et 47 cm de long
- **F arrière de cadre d'assise :** 1 tasseau de 50 x 50 mm de section et 77 cm de long
- **G avant de cadre d'assise :** 1 tasseau de 30 x 30 mm de section et 77 cm de long
- **H bandeau avant :** 1 tasseau de 20 x 100 mm de section et 77 cm de long
- **I pieds :** 4 tasseaux de 50 x 50 mm de section et 88 cm de long
- **Fournitures :** 4 ferrures d'angle, 4 équerres à pince, vis 4 x 30 mm, pointes tête d'homme 40 mm, 1 robinet mitigeur à bec haut, 1 vasque à poser, 1 tringle porte-serviette, colle blanche, vernis

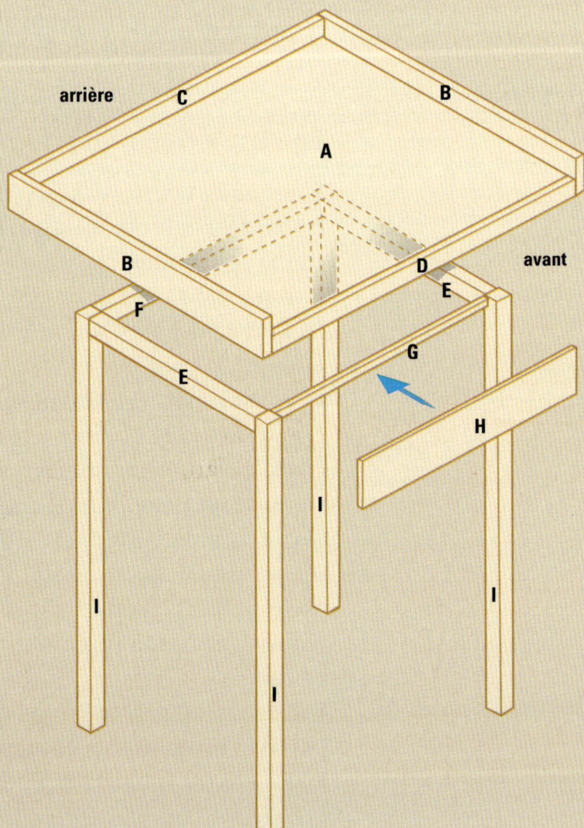

BATH

Comment réaliser un meuble de toilette avec vasque

1. Assemblez le plateau en posant le contour. Les différents tasseaux sont encollés et cloués. Commencez par le tasseau de dos puis les côtés et celui de devant. Enfoncez les pointes au chasse-clou pour les masquer dans l'épaisseur du bois.

2. Retournez le plateau et placez-le sur l'envers. Tracez l'emplacement de l'assise en dessinant un cadre de 5 cm d'épaisseur, à 5 cm en retrait des bords du panneau en aggloméré (attention, les tasseaux ajoutés en 1 ne comptent pas). Une croix dans les angles marque l'emplacement des pieds.

3. Montez les ferrures. Pour ce modèle particulier, percez d'abord le sommet du pied en diagonale de façon à visser la tige filetée, puis ajoutez l'équerre et bloquez le boulon. Ce montage est à adapter en fonction du type de ferrure que vous utilisez.

4. Assemblez les pieds et l'assise. Avant de relier les éléments et de visser les ferrures, enduisez de colle blanche toutes les parties en contact. Procédez de la même façon pour les quatre pieds.

5. Assemblez le plateau sur l'assise. Vérifiez l'ajustage de l'assise par rapport au tracé dessiné sur l'envers du plateau. Enduisez celui-ci de colle blanche. Replacez l'assise. Mettez sous presse avec des serre-joints, puis vissez les équerres, au milieu de chaque traverse.

6. Retournez la table sur ses pieds. Placez la vasque au centre de la table. Au crayon, repérez l'emplacement du trou de passage de la bonde. Faites de même pour le mitigeur. Celui-ci doit être placé de façon à ce que le jet puisse tomber le plus près possible du centre de la vasque. Percez ensuite les deux trous au moyen d'une scie cloche au diamètre adapté.

7. Équipez la vasque de sa bonde et du système de vidage. Attention, celui-ci doit être spécialement prévu pour ce type de montage, avec vasque posée sur le plan de toilette.

8. Protégez le bois en appliquant deux couches de vernis sur les différentes parties du meuble, sauf sur le plateau si vous avez choisi du stratifié. Si votre meuble est en pin, passez d'abord un tampon imbibé d'alcool à brûler de façon à éliminer les dépôts de résine. Aérez largement la pièce.

9. Laissez parfaitement sécher le vernis avant de mettre en place la vasque puis le mitigeur. Procédez enfin aux raccordements aux réseaux d'alimentation et d'évacuation. Terminez en posant la tringle porte-serviette sur le bandeau avant.

Une console pour le salon

Les outils

- scie sauteuse
- perceuse-visseuse
- guide de tourillonnage
- maillet
- nécessaire de tracé

Cette console vous rendra de précieux services dans le salon, la chambre ou l'entrée. En effet, il manque toujours de la place pour installer des bibelots, poser le courrier ou ranger les factures. Un autre avantage, et non le moindre, est que sa fabrication est d'une simplicité désarmante. C'est d'ailleurs une excellente initiation à la mise en œuvre des assemblages par tourillons qui sont utilisés pour fixer les deux plateaux sur la traverse et les séparations. C'est une réalisation spécialement destinée aux débutants, à laquelle les bricoleurs confirmés pourront apporter de nombreuses modifications.

Une finition laquée

La console est entièrement fabriquée en panneaux de fibres de moyenne densité (M.D.F.) qui offrent l'intérêt de présenter des surfaces parfaitement lisses même dans le sens de l'épaisseur et acceptent ainsi tous les types de finition. Pour obtenir cette belle teinte laquée, différentes techniques peuvent être utilisées.

▶ La plus simple d'entre elles consiste à appliquer un vernis cristal de couleur sombre en trois couches au minimum. Laissez parfaitement sécher entre chaque application, au moins pendant deux jours.

Avant d'appliquer la couche suivante, polissez la surface vernie avec un tampon de laine d'acier n° 000. Vous obtiendrez alors un brillant profond et sans nuances.

▶ Plus délicate est la mise en œuvre classique du vernis au tampon (voir p. 154). Au préalable, puisqu'il ne s'agit pas de bois véritable, il faut appliquer une teinte à l'alcool qui assure le fond de finition et rend le M.D.F. moins absorbant.

▶ Deux couches sont nécessaires pour obtenir un noir profond. Procédez à des essais sur des chutes pour acquérir le tour de main. Traitez les chants apparents de la même façon.

À noter: vous pouvez également doubler les chants apparents avec un placage thermocollant ou un galon agrémenté de clous en laiton à tête bombée.

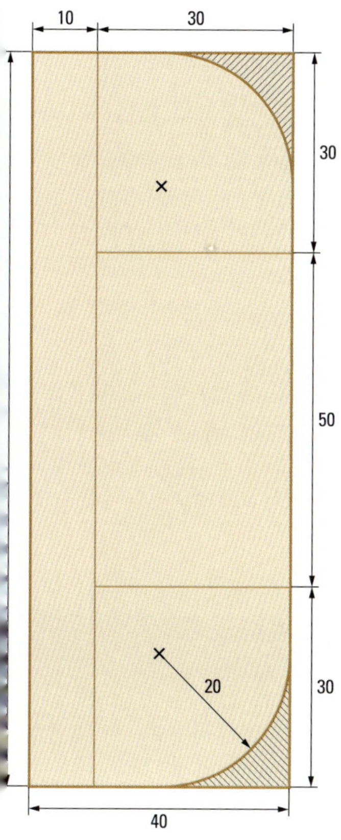

Feuille de débit (en cm)

Pour un meuble de 110 x 40 x 80 cm (largeur, profondeur, hauteur)

- **Dessus et dessous :** 2 panneaux en M.D.F. (médium) de 110 x 40 cm, en 16 mm d'épaisseur
  Note : le dessus peut mesurer 2 cm de moins en profondeur (38 cm au lieu de 40). Il conviendra alors de modifier les séparations en conséquence (coupe biaise)
- **Traverse :** 1 panneau en M.D.F. de 110 x 10 cm, en 16 mm d'épaisseur
- **Séparations :** 2 panneaux en M.D.F. de 30 x 10 cm, en 16 mm d'épaisseur
- **Fournitures :** 4 pieds à visser, tourillons de 8 mm de diamètre

Comment réaliser une console pour le salon

1. Sur le plateau du dessous, repérez l'emplacement de la traverse et des séparations. Tracez l'arrondi au compas ou avec un morceau de cartonnette percé de deux trous, le premier pour piquer une punaise, le second pour faire passer la mine de crayon.

2. Soignez le repérage en matérialisant l'épaisseur des éléments d'assemblage. Percez ensuite deux trous de 8 mm de diamètre avec un foret équipé d'une douille de profondeur, sur le chant d'une séparation, à quelques centimètres en retrait de ses extrémités. Placez une douille de copiage dans les trous. Ajustez la séparation sur le tracé. Transférez la marque de perçage sur le plateau en donnant un ou deux coups de maillet. Percez les nouveaux trous. Faites de même pour l'autre séparation et la traverse (4 tourillons).

3. Lorsque tous les trous sont percés, assemblez les différentes pièces après avoir encollé les tourillons et les zones en contact.

4. Il est plus pratique de procéder à la finition de cette partie avant de mettre en place le second plateau. S'agissant de zones peu visibles, deux couches de vernis suffisent.

5. Pour assembler le plateau du dessus, percez de nouveaux trous sur les chants des séparations et de la traverse. Procédez ensuite comme en 2, en ajustant soigneusement le plateau avant de transférer les marques de perçage au maillet.

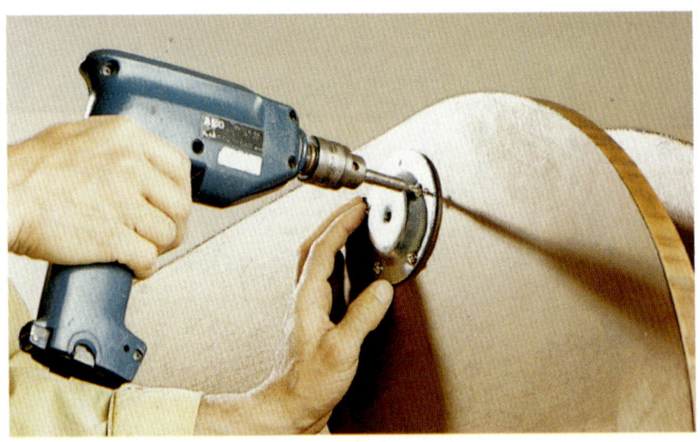

6. À l'avant de la console, les pieds sont placés sous les séparations, à 5 cm en retrait du bord du plateau. Ils sont décalés à l'arrière (à 10 cm des côtés et 5 cm du fond), mais vous pouvez aussi les aligner par rapport aux pieds avant. Procédez à la finition du plateau supérieur.

Un tabouret de bar confortable

Grâce à ce tabouret, que vous pouvez fabriquer en série, de longues soirées entre amis vont pouvoir se tenir autour du comptoir, à moins qu'il s'agisse simplement de grignoter sur le pouce. Mais ne vous méprenez pas sur son apparente simplicité. Pour obtenir une qualité de finition parfaite, il va falloir soigner les prises de mesure, les découpes et les assemblages. De quoi mériter une petite pause après la fabrication !

Les outils

- scie sauteuse
- boîte à coupe et scie à dos
- ciseau à bois n° 18
- mèche plate n° 15
- marteau
- ponceuse
- sangles et serre-joints
- pinceau

Quelques originalités

Les dimensions de ce tabouret correspondent à la hauteur d'un bar standard. Les barreaux inférieurs, outre le fait qu'ils maintiennent les assemblages, sont disposés de façon à servir de repose-pied. Pour sa part, le dossier est juste assez haut pour caler les reins. Cet ensemble classique bénéficie pourtant d'une mise en œuvre particulière qui permet de masquer entièrement tous les points de fixation.

▶ Les assemblages des barreaux et des traverses sur les quatre pieds sont réalisés par tenons et mortaises. Pour les barreaux, c'est simple puisqu'il suffit de percer un trou de 15 mm de diamètre et de 10 mm de profondeur au moyen d'une mèche plate. Pour les traverses, le tenon et donc la mortaise correspondante mesurent également 10 mm de profondeur. Leur hauteur est de 30 mm et leur largeur de 10 mm, ce qui ménage un épaulement de 7 et 5 mm par rapport à la section des tasseaux utilisés (44 x 20 mm).

▶ L'assise aurait pu être simplement reliée sur le dessus de la structure au moyen de 4 tourillons. Une petite difficulté supplémentaire a été ajoutée en prolongeant chaque pied par un épaulement en forme de cube de 2 cm de côté qui vient s'encastrer dans un logement creusé sous l'assise. Grâce à cela, la fixation est parfaite et stabilise toute la structure. Les épaulements peuvent être découpés à la scie sauteuse, mais la scie à dos manuelle est plus précise.

▶ Dernière particularité, les traverses du dossier sont arrondies. En menuiserie industrielle, ce genre de pièce est fabriqué en latté puis courbée sous une énorme presse. Comme vous ne disposez pas de cet équipement, il vous faut revenir à la technique traditionnelle qui consiste à découper l'arrondi dans une pièce plus grande. Les maîtres ébénistes travaillaient ce galbe au ciseau et à la varlope. La scie sauteuse, ou mieux encore, la scie sur table vous feront gagner beaucoup de temps.

Toutes les pièces nécessaires, sauf l'assise et les barreaux, sont fabriquées dans des tasseaux de 44 x 20 mm de section. Cette dimension très courante est disponible pour de nombreux bois résineux ou feuillus.

Attention aux enfants !

Ces tabourets peuvent être facilement escaladés par les petits aventuriers qui risquent de faire une vilaine chute après l'arrivée au sommet. Soyez particulièrement vigilants si vous avez de jeunes enfants.

Un look métal

Apportez une petite note d'originalité en remplaçant les barreaux par des tubes de cuivre rigides de même diamètre. Polissez-les soigneusement à la laine d'acier n° 000, puis appliquez un vernis pour métal incolore. Peignez ensuite le tabouret dans une couleur sombre et brillante. Résultat garanti.

La découpe du dossier

L'arrondi des traverses de dossier J est obtenu en recoupant un tasseau de 44 x 20 mm de section. Le premier arc relie les deux angles du tasseau. Le second est décalé de 2 cm par rapport au premier et passe par le milieu du tasseau. Avant de découper les traverses, tracez l'emplacement des découpes nécessaires pour encastrer les montants en fonction des cotes indiquées sur le dessin.

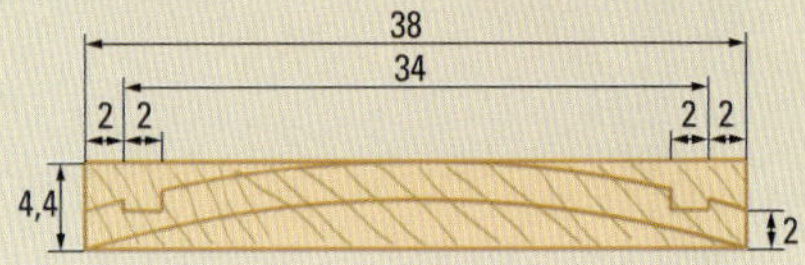

Sur la sellette

Vous avez remarqué ? Si vous remplacez les pieds arrière par d'autres, identiques à ceux de l'avant, vous supprimez le dossier et obtenez alors une superbe sellette pour mettre en valeur vos plantes vertes, ou vider vos poches lorsque vous rentrez chez vous.

Feuille de débit (en cm)

Pour un tabouret de 99 x 38 x 36 cm (hauteur x largeur x profondeur)

- **A pieds arrière :** 2 tasseaux de 44 x 20 mm de section et 99 cm de long
- **B pieds avant :** 2 tasseaux de 44 x 20 mm de section et 74 cm de long
- **C traverse avant :** 1 tasseau de 44 x 20 mm de section et 27,2 cm de long
- **D traverse arrière :** 1 tasseau de 44 x 20 mm de section et 32 cm de long
- **E traverses latérales :** 2 tasseaux de 44 x 20 mm de section et 29,6 cm de long
- **F barreaux avant :** 2 ronds de 15 mm de diamètre et 27,2 cm de long
- **G barreaux arrière :** 2 ronds de 15 mm de diamètre et 32 cm de long
- **H barreaux latéraux :** 4 ronds de 15 mm de diamètre et 29,6 cm de long
- **I plateau d'assise :** 1 panneau de 25 mm d'épaisseur et 34 x 34 cm de côté
- **J traverses de dossier :** 2 découpes dans 2 tasseaux de 44 x 20 mm de section et 40 cm de long
- **Fournitures :** colle Néoprène, tourillons de 8 mm de diamètre

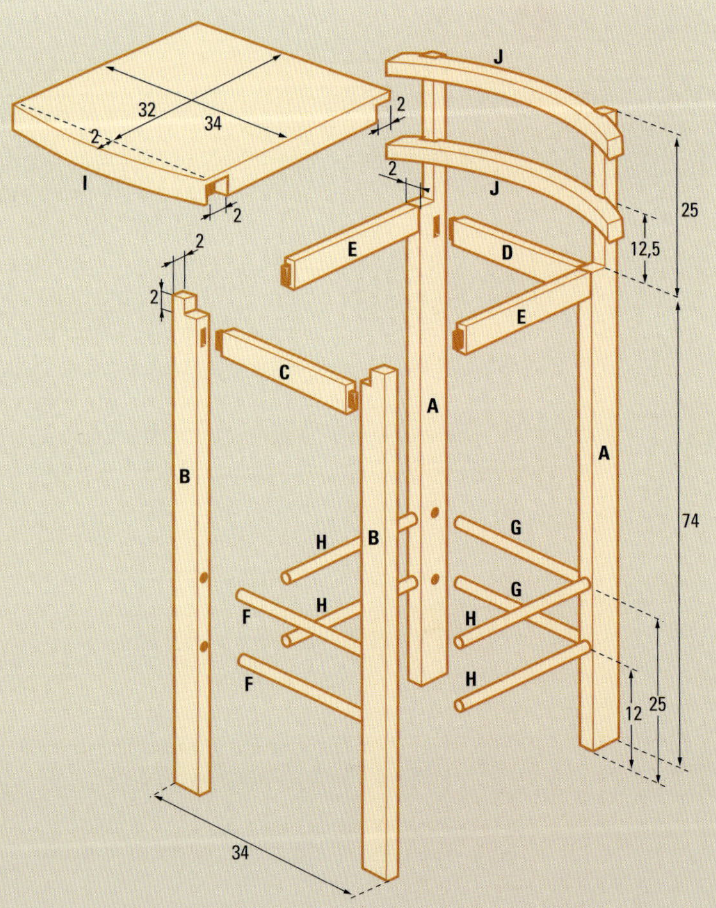

1 Comment réaliser un tabouret de bar confortable

1. L'assise mesure 34 cm de côté mais l'avant est arrondi selon un arc de 2 cm d'amplitude. Après la découpe, rabattez les arêtes vives en passant une feuille de papier de verre.

2. Les entailles sous l'assise mesurent 2 cm de côté. Après les avoir dessiné au crayon, découpez-les soigneusement au ciseau à bois.

3. Découpez les tenons à la scie à dos aux deux extrémités de chaque traverse, de l'avant, de l'arrière et des côtés.

4. Sur le dessus de chaque traverse latérale, percez deux trous de 8 mm de diamètre, à 6 cm en retrait des extrémités. Ces trous serviront à mettre en place les tourillons qui fixeront l'assise.

5. L'arrondi des traverses de dossier est découpé à la scie sauteuse. Pour éviter tout risque d'erreur, attendez d'avoir assemblé la structure avant de tailler les encastrements pour les montants.

6. Les pieds arrière font également office de dossier. Il suffit simplement de découper à la scie sauteuse une entaille rectangulaire de 25 cm de long sur 2 cm de large.

2 Comment réaliser un tabouret de bar confortable

7. Repérez avec précision l'emplacement des mortaises qui recevront les tenons de chaque traverse, puis entaillez-les au ciseau à bois. Pensez à laisser les épaulements de 2 cm de côté qui viendront s'encastrer sous le plateau d'assise

8. Avant de les assembler, poncez soigneusement tous les éléments. Vous pouvez réaliser cette opération avec une ponceuse électrique ou avec du papier de verre fin enroulé sur une cale à poncer.

9. Débutez l'assemblage en reliant un pied avant et un pied arrière avec la traverse et les barreaux correspondants. Encollez les tenons avant de mettre sous presse.

10. Reliez alors les deux ensembles réalisés à l'étape précédente par les dernières traverses et les barreaux. Évitez les marques laissées par les sangles et les serre-joints en plaçant des petites cales en carton, puis vérifiez l'ajustement des traverses de dossier. Rectifiez si nécessaire les encastrements réalisés en 5. Vissez les traverses par l'arrière des montants.

11. Pour repérer l'emplacement des trous nécessaires aux tourillons, placez des douilles de report dans les trous percés en 4. Ajustez l'assise. Donnez quelques coups de maillet. Les pointes laissent une marque sur l'envers de l'assise là où vous devez percer. Encollez puis mettez en place les tourillons. Procédez à la finition.

Un billot de cuisine

Vous pouvez installer ce billot dans la cuisine mais il conviendra aussi l'été, pour l'extérieur, à côté du barbecue. Ses deux étagères recevront tous les accessoires de cuisson et vous pourrez entreposer brochettes et grillades sur son plan de travail. Sa petite planche surélevée, réalisée en bois de bout, vous permettra de préparer les viandes, avant et après passage sur la braise. Enfin, ses dimensions compactes simplifient son rangement entre deux utilisations, surtout si vous ajoutez des roulettes sous les pieds.

Les outils

- scie sauteuse
- perceuse-visseuse
- défonceuse ou machine à bois
- boîte à coupe et scie à dos
- sangles et serre-joints

Une proposition à adapter

La réalisation de ce billot n'est pas à la portée d'un débutant. En effet, il faut déjà bien maîtriser l'usinage à la défonceuse ou sur une machine à bois avant de l'entreprendre. Il faut en outre être habitué à la mise sur plan puisque les dimensions finales de ce billot sont laissées à votre libre appréciation. Vous pouvez notamment augmenter la surface du plan de travail en concevant un meuble rectangulaire plutôt que carré, ou ajouter un tiroir, des étagères supplémentaires, ou encore encastrer la planche de découpe dans le plateau supérieur. Ces modifications ne changent pas les techniques d'assemblage utilisées, ni l'ordre de montage. D'autre part, comme il n'y a pas de liaison par tenons et mortaises mais seulement des vis et des tourillons, le calcul des mesures pour les différentes pièces qui vous seront nécessaires est facilité. Réalisez simplement un plan à l'échelle du dixième (1 cm = 1 mm), sur une feuille à carreaux 5 x 5 ou du papier millimétré, avec une vue de face, de côté (pour un meuble rectangulaire) et de dessus, puis mesurez directement les cotes de chaque pièce avec une règle.

Feuille de débit (en mm)

Dimensions hors tout indicatives 50 x 50 x 100 (L x l x h)

- **Pieds** en tasseaux carrés de 50 x 50 mm
- **Traverses et cadre de billot** en tasseaux rectangulaires de 44 x 20 mm
- **Panneaux de remplissage et étagères** en M.D.F. ou en contreplaqué mélaminé de 5 mm d'épaisseur au minimum
- **Plan de travail** en latté de 20 mm d'épaisseur
- **Couvre-joints et supports d'étagère** en tasseaux rectangulaires de 20 x 10 mm
- **Billot** en tasseaux carrés de 20 x 20 mm ou 30 x 30 mm, débités en cubes, moulures de cadre de même section, plateau support en M.D.F. ou en contreplaqué de 3 mm au minimum
- **Fournitures :** patins ajustables ou roulettes, tourillons de 8 mm de diamètre, vis VBA, colle blanche, colle Néoprène

Quelques conseils

► Le panneau arrière est encastré dans les pieds correspondants au moyen d'une rainure droite de même profondeur (5 mm) et de 15 mm de largeur au minimum, réalisée à la défonceuse.

► La planche de découpe peut être fabriquée de différentes manières selon les matériaux que

Les étagères

Les dimensions des plateaux d'étagère sont calculées de façon qu'ils affleurent l'arête extérieure des pieds, moins 10 mm qui correspondent à la profondeur de la rainure d'encastrement des couvre-joints collés en périphérie (2 x 5 mm en longueur et en largeur). Des encoches carrées sont découpées dans les angles pour épouser le contour des pieds.

vous trouverez chez votre revendeur. Certains proposent des dalles en bois de bout préassemblées. Chez d'autres, il s'agira de dalles de parquet à coller qu'il faudra fixer sur un support plus épais. Enfin, vous aurez peut-être la chance de trouver encore un véritable étal de boucher dans un magasin spécialisé dans la fourniture d'équipements aux métiers de bouche. Mais ce produit, pour des raisons réglementaires, est en passe de disparaître.

► Si aucune de ces solutions ne peut être envisagée, reste la solution de fabriquer soi-même cette dalle. Il faut pour cela des tasseaux de bois dur de section carrée, rabotés et parfaitement droits. Débitez ces tasseaux en cubes et assemblez ceux-ci en damier. Plutôt que de les coller les uns aux autres, il est plus simple de fixer l'ensemble sur un support comme du papier fort, une toile armée ou un panneau M.D.F. de 3 mm, puis d'encadrer le tout par des moulures (photo 4, 5, 6).

Et, en option…

Une tablette supplémentaire. À l'arrière du billot, vous pouvez ajouter un plan de travail supplémentaire rabattable (photo 1). Ses dimensions permettent de le loger le long du panneau. La tablette supérieure est fixée sous la traverse du billot au moyen d'une charnière à piano. Le pied se replie également contre le panneau, en Z, grâce aux deux parties de son écharpe, elles aussi reliées par des charnières à piano.

Un range-couteau. Un trait de scie sauteuse, réalisé dans le plateau de table entre l'emplacement de la planche de découpe et celui de la traverse la plus proche, et voilà une fente de 2 mm de large qui vous permettra de ranger les couteaux sans le moindre danger (photo 2).

Un appoint pratique lorsque la place manque ou si vous souhaitez cuisiner à l'extérieur.

1

2

Comment réaliser un billot de cuisine

1. Après avoir réalisé l'ensemble des tenons et mortaises (voir pp. 49-50), reliez les deux pieds de devant avec les traverses correspondantes. Notez que ces traverses affleurent les extrémités des pieds.

2. Assemblez également les pieds arrière. Ils comportent une rainure ouverte à la défonceuse qui reçoit le panneau de fond, collé et vissé.

3. Poursuivez l'assemblage en associant les deux premiers cadres avec les quatre traverses correspondantes. Mettez sous presse avec de grands serre-joints ou des sangles.

4. Pour réaliser la planche de découpe, débitez un tasseau de chêne en cubes. Sur l'établi, placez des tasseaux de cadre qui servent à maintenir des cubes les uns contre les autres. Appliquez sur toute la surface une fine couche de colle Néoprène étalée à la spatule.

5. Ajustez le panneau support en M.D.F. Appuyez pour faire adhérer la colle. Retournez l'ensemble. Placez des serre-joints. Battez chaque cube au maillet pour l'ancrer définitivement dans la colle. Laissez sécher.

6. Encadrez la planche de découpe avec des tasseaux assemblés à l'onglet, coupés sur mesure. Après séchage complet, passez la ponceuse pour égaliser la surface. Procédez en deux passes, la première avec un abrasif à gros grain pour le dégrossissage, la seconde avec un abrasif fin pour la finition.

7. Le plateau de table est fixé par en dessous, grâce à quatre tasseaux vissés. Fixez d'abord ces tasseaux en affleurement de l'arête supérieure des traverses. Posez le plateau à l'envers. Ajustez le piètement et vissez les tasseaux sur le plateau.

8. La planche de découpe est surélevée par rapport au plateau de table par l'intermédiaire d'un cadre en tasseaux assemblés et vissés face contre chant. Les dimensions de ce cadre sont inférieures de quelques centimètres à celles de la planche de découpe.

9. Ajustez le cadre sur le plateau de table. Tracez ses contours. Percez des avant-trous au travers du plateau. Encollez le tracé puis vissez le cadre par le dessous du plateau.

10. Ajustez la planche de découpe sur le cadre et tracez le contour extérieur. Percez des trous pour les tourillons sur le cadre. Transférez ces trous sous la planche grâce à des douilles de copiage et en l'ajustant sur le tracé précédent. Percez les nouveaux trous correspondants et posez les tourillons.

11. L'étagère intermédiaire repose sur deux tasseaux vissés sur les côtés intérieurs des pieds. Celle du dessous est posée directement sur les traverses. Les angles des plateaux sont recoupés de façon à pouvoir épouser le contour des pieds.

12. Installez les deux étagères puis ajoutez les couvre-joints. Ce sont des tasseaux rectangulaires qui se collent sur le chant des panneaux grâce à une rainure de 5 x 5 mm de section.

Une desserte bien pratique

En préparant le repas, en recevant les amis ou la famille, il manque toujours de la place pour poser les plats, la vaisselle, les ustensiles. Cette desserte sert à tout cela. Grâce à ses roulettes, vous pouvez la déplacer où bon vous semble et jusque dans le salon pour débarrasser la table principale. Robuste, elle supporte toutes les sollicitations. Et si, après quelque temps, son plateau s'abîme, un coup de ponceuse lui redonnera l'aspect du neuf. Il est suffisamment épais pour supporter des dizaines de restaurations !

Les outils

- équerre
- pointe à tracer
- trusquin
- scie à dos
- maillet
- râpe
- ciseau à bois
- perceuse-visseuse
- support de perceuse
- scie circulaire ou scie égoïne
- sangles ou serre-joints

Les assemblages en détail

La conception de cette table est simple dans son principe. Son plateau se compose de deux panneaux superposés A et B, collés et vissés. Cet ensemble est également fixé sur le piètement. Les quatre pieds E de celui-ci sont reliés par paire grâce à quatre entretoises C et ces deux ensembles sont solidarisés par une traverse centrale D. Grâce à cela, la table est très stable, ses assemblages étant parfaitement bloqués.

► Ces derniers sont faits à tenons et mortaises. Il n'y a donc aucune fixation apparente et cela fait de cette table une réalisation de menuiserie classique, d'un niveau professionnel.

► Le principe de l'assemblage à tenon et mortaise est facile à comprendre mais, en pratique, il est délicat à réussir à la perfection. Les deux éléments, le tenon et sa mortaise, doivent en effet correspondre parfaitement. Ils exigent donc beaucoup de soin et de précision pour leurs tracés et leurs découpes. C'est pour cette raison que le début de ce reportage est entièrement consacré à leur fabrication. Chaque étape est détaillée, du tracé à la découpe.

► Le trusquin est un outil spécifique à la menuiserie. Sa pointe à écartement réglable permet de tracer des lignes rigoureusement parallèles aux chants des tasseaux et de reporter facilement la mesure d'une pièce à l'autre. Il est possible de s'en passer en utilisant en remplacement une règle et une équerre. Mais le résultat manque de précision.

Mesures des tenons

Un tenon, et sa mortaise correspondante, se caractérise par sa hauteur (h), sa largeur (l) et sa profondeur (p)

- Pour les entretoises C, les dimensions des tenons sont (l x h x p) : 20 x 40 x 40 mm
- Pour la traverse D, les dimensions des tenons sont (l x h x p) : 20 x 40 x 30 mm

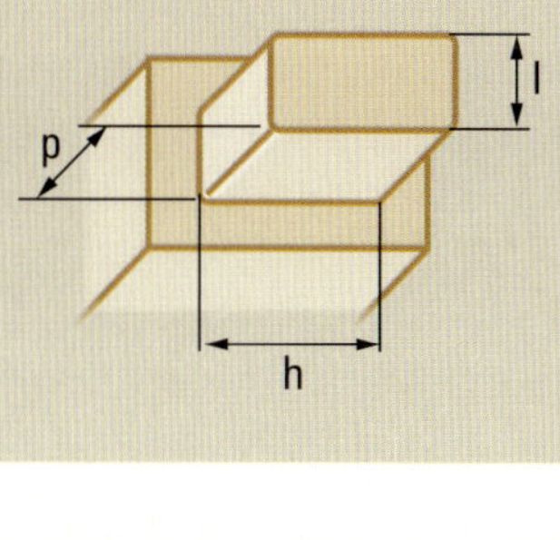

À noter: la découpe du tenon s'effectue toujours avec une scie à main car une scie électrique n'est pas assez précise.

Du bois de qualité

Qu'ils soient massifs ou lattés, attachez une importance particulière au choix des tasseaux. Ils doivent être parfaitement calibrés, c'est-à-dire de section constante et sans flèche. Ils ne doivent pas non plus présenter de nœuds mal fixés (bois de cœur). Selon les disponibilités de votre revendeur, les tasseaux peuvent être en hêtre, en chêne ou, à défaut, en pin.

Feuille de débit (en cm)

Pour une table de 120 x 80 x 79,6 cm (L x l x h)

- **A plateau supérieur :** panneau en pin latté de 26 mm d'épaisseur de 120 x 80 cm
- **B plateau supérieur :** panneau en pin latté de 20 mm d'épaisseur de 120 x 80 cm
- **C entretoises :** 4 tasseaux de 60 x 40 mm de section et 56 cm de long
- **D traverse :** 1 tasseau de 60 x 40 mm de section et 86 cm de long
- **E pieds** : 4 tasseaux de 60 x 60 mm de section et 70 cm de long
- **Fournitures :** 4 roulettes pivotantes (h: 50 mm), vis VBA 4 x 40 mm et 6 x 80 mm

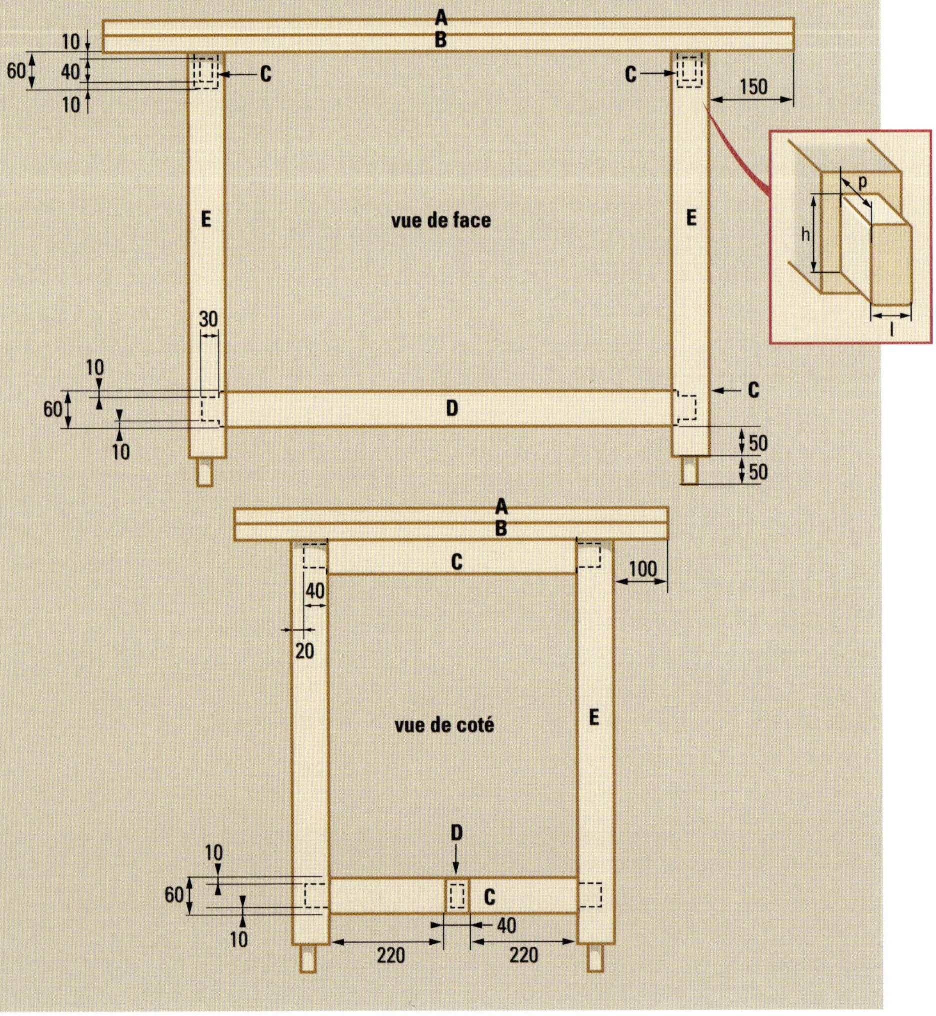

1 Comment réaliser une desserte bien pratique

1. Mesurez puis délimitez la profondeur du tenon au moyen d'une équerre et d'une pointe à tracer (ou d'un crayon fin).

2. Avant de repérer la mortaise correspondante, il convient de tracer le contour et l'emplacement de la pièce à assembler, ici une entretoise C sur un pied E.

3. Réglez le trusquin en fonction de la largeur du tenon et d'un épaulement, soit 20 + 10 mm dans le cas présent. Tracez à partir du trait de profondeur vers l'extrémité du tasseau. Retournez le trusquin et tracez le second repère.

4. Procédez de la même façon pour marquer l'emplacement de la mortaise. Vous pouvez aussi régler le trusquin seulement sur la largeur de l'épaulement (ici 20 mm).

5. La découpe du tenon commence toujours par les joues. Attaquez sur un angle en suivant scrupuleusement le tracé puis redressez progressivement la scie à dos pour finir à angle droit par rapport au tasseau.

2 Comment réaliser une desserte bien pratique

6. Éliminez les deux chutes par un trait de scie perpendiculaire, le long du tracé de profondeur. Dégagez ensuite les épaulements supérieur et inférieur en appliquant la même méthode.

7. Traditionnellement, les tenons sont rectangulaires. Mais comme la mortaise va être percée au moyen d'une mèche, il convient d'arrondir les arêtes du tenon à la râpe et au papier de verre.

8. Pour percer les mortaises, un support de perceuse est pratique parce qu'il permet de bien guider la mèche et de régler précisément la profondeur. Pour cette table, la largeur de perçage, égale au diamètre de la mèche, est constante (20 mm). La profondeur varie, de 30 mm (D sur C) ou 40 mm (C sur E).

9. Lorsque la série de trous est percée, égalisez les bords de la mortaise avec un ciseau à bois bien affûté. Vérifiez la qualité de l'assemblage avec le tenon correspondant.

10. Pour le montage de la table, commencez par assembler la traverse D sur les entretoises inférieures C. Encollez le tenon avant de le faire pénétrer de force dans la mortaise avec un maillet.

11. Poursuivez l'assemblage en montant les traverses C sur les pieds E, toujours en encollant les tenons. Placez systématiquement une cale entre le maillet et le meuble.

12. Les assemblages doivent être maintenus serrés pendant le séchage de la colle. Le plus simple consiste à former une boucle avec une cordelette puis à l'enrouler sur elle-même avec une baguette de bois. Des morceaux de carton protègent le meuble. Plus vous serrez, plus la pression s'exerce.

13. Pendant ce temps, vissez les deux parties du plateau après avoir encollé les surfaces en contact. Tracez un rectangle de 600 x 900 mm sur l'envers du plateau et servez-vous de ce repère pour positionner le piètement. Vissez.

14. Terminez le montage de la table en vissant les roulettes sur l'extrémité des pieds.

DEPUIS QUAND ?

Rangements
pratiques

Des portes pour moduler l'espace

Comment adapter l'espace sans monter des cloisons ? Grâce aux portes coulissantes ! La solution est idéale dans un appartement ou une grande pièce. Fermées, les portes redéfinissent les volumes, séparent les activités. Ouvertes, elles augmentent l'impression d'espace et libèrent le passage.

Les outils

- scie sauteuse
- boîte à coupe et scie à dos
- perceuse et foret de 8 mm
- défonceuse
- guide de tourillonnage
- marteau
- sangles et serre-joints
- pinceau

Un encombrement minimal

Comparés à des portes battantes classiques, les panneaux coulissants n'empiètent pas sur la surface au sol, ce qui est pratique notamment lorsque la seconde pièce est petite. C'est une solution qui résoud bien des problèmes d'aménagement.

► Dans un appartement doté d'un grand salon, vous pouvez isoler une partie de ce dernier pour créer un petit bureau, un coin télé, ou installer une cuisine.

► Les portes coulissantes peuvent aussi isoler un espace de toilette ou un dressing dans une chambre, une chambre d'appoint dans une salle de jeux ou marquer la séparation entre une véranda et le reste de la maison.

À noter: selon le même principe, vous pouvez fermer un placard encastré avec des portes coulissantes.

La réalisation

► Les panneaux de porte sont fabriqués sur mesure en fonction des dimensions de l'ouverture. En hauteur, ils mesurent 5 cm de plus. En largeur, divisez celle de l'ouverture par 2 et ajoutez 5 cm au résultat obtenu. Par exemple, pour une ouverture de 210 x 120 cm (h x l), chaque panneau mesurera 215 x 65 cm.

► Les portes sont suspendues à un rail de guidage haut, dissimulé derrière le bandeau décoratif. Vous trouverez des kits complets en grande surface de bricolage ou dans les quincailleries spécialisées. Au sol, les panneaux sont guidés par des pions invisibles.

► Le mode d'assemblage des traverses sur les montants présente une petite particularité (photos 1, 2, 3). Il s'agit

Pas de défonceuse

Le bord intérieur des tasseaux de cadre est profilé de façon à présenter une rainure de 20 mm de large sur 10 mm de profondeur. Cette dernière est facile à réaliser au moyen d'une défonceuse équipée d'une fraise droite ou, mieux encore, avec une machine à bois.

Si vous ne possédez pas un tel équipement, fabriquez vos éléments de cadre en collant un tasseau carré de 20 x 20 mm de section sur un autre de 30 x 30 mm. Au final, vous disposez de la section requise (30 x 50 mm), avec une « rainure » de 10 x 20 mm.

en effet d'un assemblage à enfourchement modifié, renforcé par deux tourillons. Lorsque le principe est compris, la réalisation n'est pas difficile mais les erreurs de découpe, causées par l'inattention, sont fréquentes. En pratique vous aurez intérêt à débiter toutes vos pièces puis à les réunir en fonction de leur emplacement final, afin de repérer, au crayon et à main levée, la partie à éliminer à l'extrémité des traverses. Précisez ensuite ce premier repérage en vous aidant d'une équerre et d'un trusquin avant de le découper.
À noter: la traverse centrale ne mesure pas la même section que les autres éléments des portes.

Feuille de débit (en cm)

Pour 2 portes de 240 x 65 cm

- **A montants :** 4 tasseaux de 50 x 30 mm de section et 240 cm de long
- **B traverses :** 4 tasseaux de 50 x 30 mm de section et 59 cm de long
- **C traverse centrale :** 2 tasseaux de 40 x 20 mm de section et 59 cm de long
- **D remplissage inférieur :** 2 panneaux de contreplaqué finition hêtre de 10 mm d'épaisseur, de 59 x 58 cm (l x h)
- **E remplissage supérieur :** 2 lés de 59 x 179 cm (l x h)
- **F :** baguette quart de rond, de 10 x 10 mm de section, (4 x 59, 4 x 179 cm)
- **Fournitures :** bandeau en hêtre de 100 x 15 mm de section et 240 cm de long, kit de guidage par rail suspendu pour deux panneaux (240 cm de long), tourillons de 8 mm de diamètre, colle blanche.

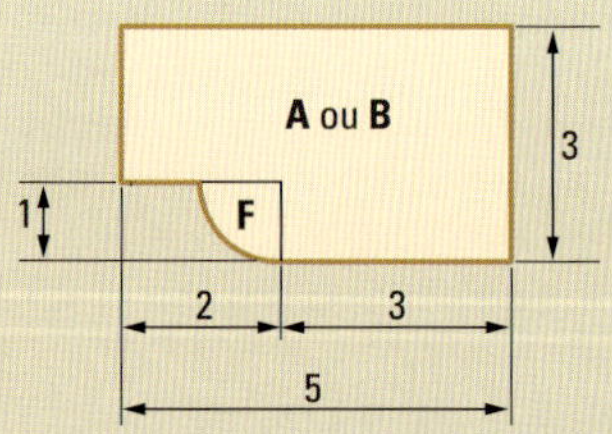

En avant la déco !

Sobres, les portes présentées se composent d'un cadre, rempli en partie basse, au tiers de la hauteur, par un panneau de contreplaqué finition hêtre et, en partie haute, d'une toile tendue verticalement. À vous d'adapter cette proposition à votre décoration. Par exemple, la partie basse et le cadre peuvent être peints, et vous pouvez remplacer le toilage par un panneau en polycarbonate translucide, satiné ou coloré.

1 Comment réaliser des portes pour moduler l'espace

1. Disposez les traverses et les montants en fonction de leur emplacement final. Repérez la partie à enlever. Rectifiez le tracé à l'équerre, à 20 mm en retrait de l'extrémité de chaque traverse.

2. Découpez les chutes à la scie à dos. Débutez la coupe en tenant la scie en angle, redressez-la ensuite progressivement pour terminer à la perpendiculaire.

3. Percez deux trous de 8 mm de diamètre. Utilisez les douilles de copiage du guide pour reporter leur emplacement à l'extrémité des montants. Percez les deux trous correspondants. Encollez puis enfoncez les tourillons dans les trous des traverses. Assemblez celles-ci sur un des deux montants.

4. La traverse centrale est placée de façon que son arête supérieure se trouve à 60 cm de la base du panneau de porte. Elle est fixée par deux tourillons de chaque côté.

5. Assemblez les panneaux de porte en ajoutant le second montant, après avoir encollé les tourillons. Mettez sous presse avec de grands serre-joints ou des sangles.

2 Comment réaliser des portes pour moduler l'espace

6. Agrafez la toile de remplissage de la partie haute en commençant par le sommet du panneau pour terminer sur la traverse centrale.

7. Placez le panneau de remplissage de la partie basse après avoir encollé la rainure du cadre. Vous pouvez également ajouter quelques pointes sans tête pour parfaire la fixation.

8. Terminez l'assemblage des panneaux en posant des baguettes quart-de-rond en fond de rainure. Dans les angles, ces couvre-joints sont assemblés à l'onglet (à 45°). Ils sont collés ou cloués au moyen de fines pointes sans tête.

9. Posez le rail de guidage sur le linteau de l'ouverture. En hauteur, il est placé de façon à permettre le coulissement des panneaux sans frottement sur le sol. Ces indications sont fournies dans la notice de pose qui accompagne le kit.

10. Équipez le sommet des portes de leurs roulettes de guidage. Vérifiez ensuite le coulissement. Réglez chaque roulette pour que les panneaux soient parfaitement verticaux.

11. Terminez la pose en installant le bandeau qui dissimule le rail. Selon les modèles, il est fixé sur les attaches du rail ou au-dessus, au moyen de trois équerres.

Un comptoir multifonctions

De nombreux appartements récents comportent un séjour double de grande surface. Les deux parties de la pièce sont délimitées par un mur de refend. Lorsqu'il s'agit de créer un espace supplémentaire, un bureau, un coin-cuisine ou un espace de détente, deux solutions s'offrent à vous : soit fermer avec des portes coulissantes (voir p. 55), soit matérialiser la séparation entre les pièces par un comptoir à mi-hauteur. Cette dernière solution permet de préserver l'impression de volume et la répartition de la lumière.

Les outils

- scie circulaire
- perceuse-visseuse
- tournevis et clés
- serre-joints

Deux propositions

Notre exemple comporte deux réalisations distinctes qui sont l'habillage du mur de refend et la fabrication du comptoir lui-même.

► Le mur de refend est flanqué de deux séries d'étagères réparties sur toute sa hauteur (photos 1 à 4). Le nombre de tablettes, leur profondeur et leur espacement sont à adapter en fonction de la hauteur sous plafond et de l'épaisseur du mur, le but étant d'obtenir un rangement de 50 cm de large.

► Cette largeur correspond à celle du plateau supérieur du comptoir. En règle générale, la hauteur de ce type de réalisation varie de 110 cm à 115 cm. Du côté salon, la séparation est habillée d'un panneau, décoré comme les murs. Du côté de la nouvelle pièce créée, vous disposez d'un nouvel espace de rangement que vous pourrez aménager à votre guise. Par exemple, pour une cuisine à l'américaine, il s'agira d'étagères pouvant atteindre près de 40 cm de profondeur. Le comptoir peut également servir de bar et même recevoir un réfrigérateur. Pour un coin détente, ce volume peut être laissé en l'état de façon à aménager une place suffisante pour installer un canapé convertible de type clic-clac ou BZ.

► Ici, le volume dégagé sous la séparation a été mis à profit pour installer un lit d'appoint rabattable de 90 cm de large. Notez que si la fabrication du comptoir en elle-même ne présente pas de difficulté (photos 5, 6 et 9), l'installation du lit, en revanche, complique la réalisation (photos 7 et 8) et s'adresse à des bricoleurs avertis.

► Pour terminer la réalisation, une petite table a été ajoutée côté salon (photo 10).

Les étagères

Les étagères, de 30, 35 ou 37 cm de large et 191 cm de long, sont vissées au travers du panneau H, avant la mise en place du parement J. Elles sont également vissées au travers des montants E avant la mise en place définitive du comptoir contre le mur. La hauteur disponible permet d'installer trois rangées, séparées d'un intervalle de 30 cm. Si vous envisagez d'entreposer des objets lourds, placez deux séries de montants intermédiaires de 30 cm de hauteur entre les étagères (intervalle moyen de 65,5 cm environ).

Les matériaux

Les étagères sont fabriquées dans des panneaux de 20 mm d'épaisseur. Selon la décoration envisagée, et le budget disponible, elles seront en contreplaqué, en latté, en médium ou en aggloméré mélaminé, ce dernier étant le plus économique.

► Pour le comptoir, le plateau supérieur est en bois massif de 30 mm d'épaisseur. Le podium et le coffre sont en panneaux d'aggloméré mélaminé de 20 mm. Côté salon, le coffre est doublé d'un parement. Il sera en médium si vous envisagez de le peindre ou en aggloméré standard si vous le tapissez. Une épaisseur de 10 mm suffit.

Feuille de débit (en cm)

Sauf indication contraire, tous les éléments sont en 20 mm d'épaisseur

► Pour les colonnes de rangement
(h x l x p: 260 x 50 x 22 cm, mur de 20 cm)
- **A** étagères : 18 tablettes de 18 x 15 cm
- **B** montants : 2 panneaux de 260 cm x 15 cm
- **C** devant : 1 panneau de 260 cm x 50 cm

► Pour le comptoir (L x l x h: 215 x 50 x 113 cm)
- **D** dessus : 1 plateau de 215 cm x 50 cm en 30 mm d'épaisseur
- **E** montants : 2 panneaux de 110 cm x 40 cm
- **F** traverses : 2 panneaux de 191 cm x 37 cm
- **G** appuis de socle : 2 planches de 191 cm x 10 cm
- **H** devant : 1 panneau de 191 x 110 cm
- **I** parement : 1 panneau de 191 x 110 m en 10 mm d'épaisseur

► Pour le lit
deux vérins hydrauliques, un sommier métallique (190 cm x 90 cm), un panneau de doublage (191 cm x 96 cm), charnière à piano de 200 cm

► Pour la table
un plateau (60 cm x 90 cm), deux pieds réglables, vis VBA 3 x 30 mm et 4 x 40 mm

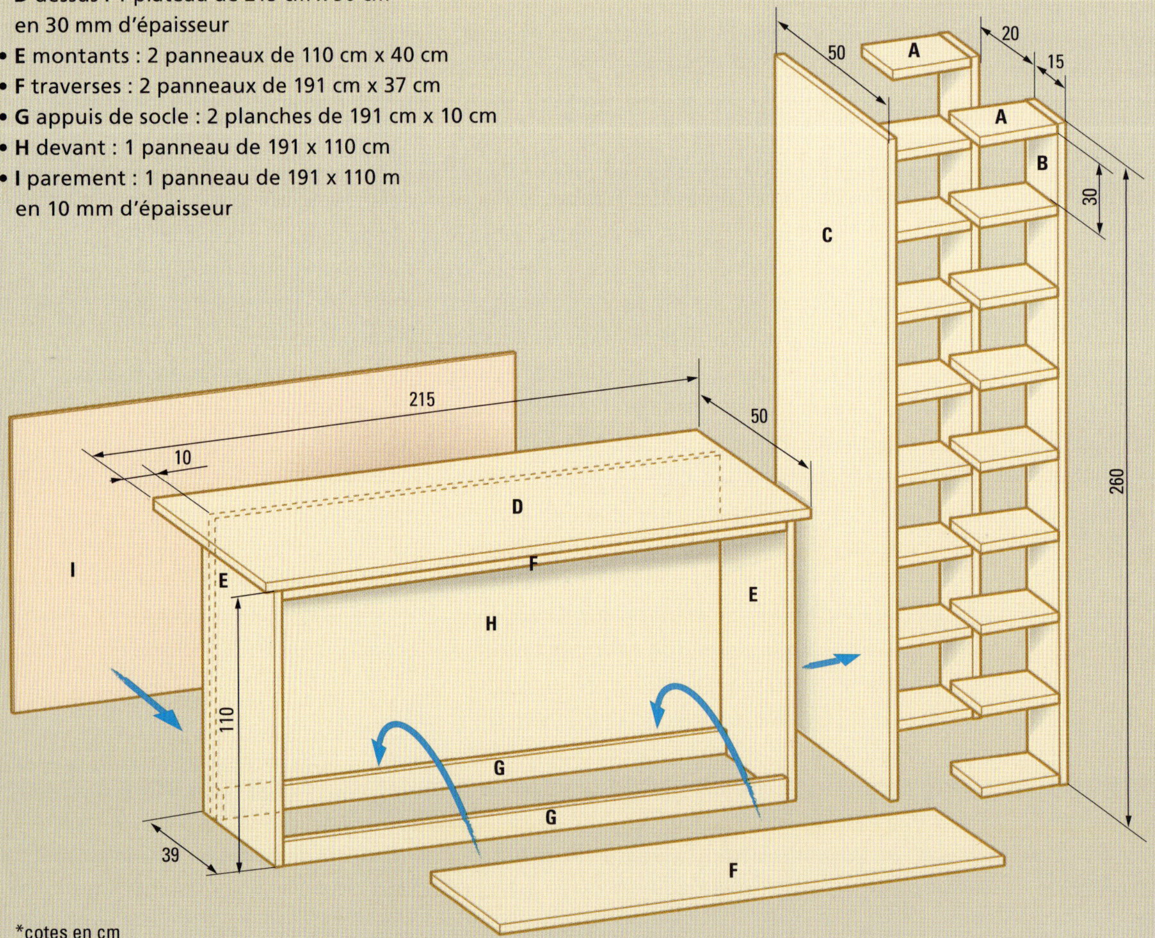

*cotes en cm

Comment réaliser un comptoir multifonctions

1. Repérez l'emplacement des étagères A sur les montants B et le devant C. Percez des avant-trous afin de faciliter le vissage.

2. Vissez ensuite les tablettes A sur les montants B. L'équerre vous permet d'obtenir des angles droits et d'aligner les chants des panneaux.

3. Installez les deux rangées d'étagères de part et d'autre du mur de refend. Même si cela n'est pas indispensable, il est plus sûr de les cheviller contre le mur d'appui.

4. Présentez le devant C. Ajustez-le puis vissez-le sur le chant des tablettes, au travers des trous percés en 1.

5. Vissez face contre chant les montants E sur le devant H. Décalez la fixation de 10 mm par rapport à l'arête pour permettre plus tard d'installer le panneau J. Vissez le dessus D sur cet ensemble. Installez le comptoir devant l'habillage. Utilisez des équerres pour le fixer dans le sol en prenant garde de laisser le dégagement nécessaire à la platine de fixation du mécanisme pour le lit.

6. Vissez un appui G à la base du panneau H. Fixez l'autre sous une traverse F. Ajustez cet ensemble et vissez-le sur le premier appui G pour fixer le podium. Installez ensuite le second panneau F sous le plateau D, maintenu par des serre-joints, puis vissez-le.

7. Respectez les conseils de pose fournis dans la notice qui accompagne les vérins hydrauliques pour fixer la platine sur les montants E et les vérins eux-mêmes sur le sommier.

8. Vérifiez le fonctionnement des vérins. Fabriquez le panneau de doublage. Il est articulé sur le podium par l'intermédiaire d'une charnière à piano. Il est maintenu fermé par un loquet magnétique installé sous le plateau D.

9. De l'autre côté de la séparation, mettez en place le panneau J. Il est vissé sur le panneau H. Il est ensuite revêtu de la même décoration que les murs.

10. La petite table côté salon est facultative. Fixez d'abord les pieds sous le plateau puis l'ensemble contre le comptoir, sur un tasseau horizontal vissé dans le panneau J.

Une chambre intime et zen

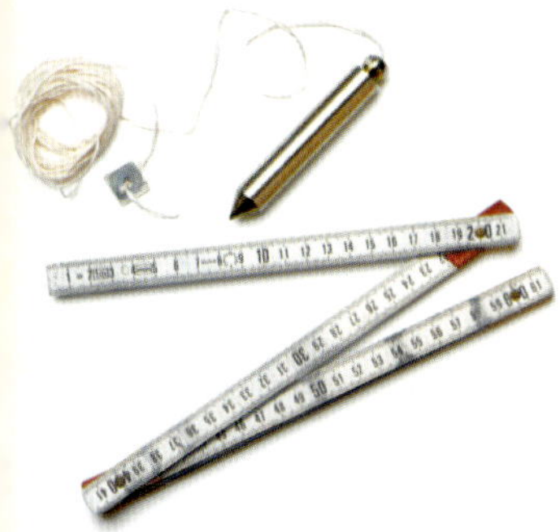

Cette réalisation d'exception réclame de longues heures de travail et un savoir-faire certain. Elle s'adresse aux bricoleurs confirmés, pour qui la passion ne se conçoit pas sans liberté de création et d'adaptation. Il faut aussi disposer d'une chambre suffisamment vaste pour la recevoir puisque les dimensions de l'ensemble sont imposantes, avec près de 2,50 m en longueur et 2,30 m en largeur. Mais le résultat vaut largement l'investissement !

Les outils

- scie sauteuse et scie circulaire
- boîte à coupe et scie à dos
- marteau et maillet
- serre-joints
- perceuse-visseuse

Un lit encastré

À la différence d'un podium classique, le lit se trouve ici encastré dans le podium. Celui-ci mesure 32 cm de hauteur, ce qui correspond à l'épaisseur du matelas et de son sommier. Le couchage prévu a des dimensions standard de 140 x 200 cm. Des adaptations seront nécessaires si vous envisagez d'installer un lit plus large ou plus long. Le podium se compose de plateaux doublés de moquette, de 42 cm de large de chaque côté et de 55 cm au pied du lit. Ces panneaux sont vissés sur des cloisons verticales qui servent aussi de séparation pour deux séries de 4 tiroirs, placés de chaque côté du lit.

► Les paravents sont constitués de six panneaux japonais, deux par côté, reliés entre eux par un bandeau périphérique placé en partie haute. Les panneaux sont des modèles en kit, vendus dans les grandes surfaces de bricolage et les magasins spécialisés. Si vous disposez du temps suffisant, vous pouvez les fabriquer vous-même avec des tasseaux de 20 x 20 mm de section pour le cadre et des tasseaux de 10 x 10 mm ou 5 x 5 mm pour les croisillons. Notez que la hauteur indiquée pour les éléments du bandeau périphérique supérieur convient pour une hauteur sous plafond standard de 2,60 m. Elle est donc à adapter si la hauteur de votre chambre est différente. Attention, elle ne doit pas être inférieure à 2,40 m (bandeau de 5 cm de haut). Au-delà de 2,65 m (bandeau de 30 cm), laissez un espace au-dessus des paravents afin de ne pas modifier les proportions de l'ensemble. Cela ne gêne pas la stabilité des paravents puisqu'ils sont vissés entre eux et ne sont pas fixés au plafond.

Les matériaux

La structure du podium est réalisée en aggloméré standard de 22 mm d'épaisseur, et doublée par des façades en pin lamellé de même épaisseur. Le même matériau est utilisé pour fabriquer le bandeau périphérique supérieur. La structure des tiroirs est réalisée en latté replaqué bois exotique de 18 mm. Pour doubler le dessus du podium, choisissez de préférence une moquette rase, plus facile à entretenir.

Les finitions

L'alimentation électrique. Pour éviter de faire circuler des câbles électriques apparents, fixez deux prises de type 2P + T 16 A sur les plateaux latéraux, de part et d'autre de la tête de lit, lors de la mise en place du podium. Les bandeaux supérieurs peuvent être équipés de spots orientables.
Les voilages. Vous pouvez fermer complètement les paravents en installant des tringles à rideaux sur les bandeaux supérieurs, au-dessus des ouvertures. Équipez-les, au choix, de voilages en mousseline ou de tentures, maintenues en position ouverte par des embrasses fixées dans les montants de paravents.

Feuille de débit (en cm)

Pour équiper un couchage de 140 x 200 cm

▶ Podium

- Plateaux latéraux : 2 panneaux en aggloméré de 22 mm d'épaisseur, de 245 cm x 42 cm
- Plateau de devant : 1 panneau en aggloméré de 22 mm d'épaisseur, de 140 cm x 55 cm
- Fonds latéraux : 2 panneaux en aggloméré de 22 mm d'épaisseur, de 235,6 cm x 30 cm
- Fond de devant : 1 panneau en aggloméré de 22 mm d'épaisseur, de 140 cm x 30 cm
- Cloisons latérales : 6 panneaux en aggloméré de 22 mm d'épaisseur, de 32,6 cm x 30 cm
- Cloisons de devant : 2 panneaux en aggloméré de 22 mm d'épaisseur, de 45,6 cm x 30 cm
- Traverse arrière (contre mur) : 1 panneau en aggloméré de 22 mm d'épaisseur, de 209,6 cm x 30 cm
- Façades latérales : 2 planches de pin lamellé de 22 mm d'épaisseur, de 237,8 cm x 30 cm
- Façade de devant : 1 planche de pin lamellé de 22 mm d'épaisseur, de 214 cm x 30 cm
- Liaisons entre plateaux : 2 tasseaux de 20 x 20 mm de section et 55 cm de long
- Liaisons entre façades et cloisons : 8 tasseaux de 20 x 20 mm de section et 30 cm de long
- Couvre-joint périphérique : tasseau de 22 x 28 mm de section, environ 720 cm en tout

▶ Tiroirs

- Façades : 8 planches en pin lamellé de 22 mm d'épaisseur, de 49,5 x 26 cm
- Côtés : 16 planches en latté de 18 mm d'épaisseur, de 34 x 23,5 cm
- Dos : 8 planches en latté de 18 mm d'épaisseur, de 42,4 x 23,5 cm
- Fond : 8 planches en latté de 18 mm d'épaisseur, de 42,4 x 31,8 cm
- Liaisons de façade : 16 tasseaux de 20 x 20 mm de section et 20 cm de long

▶ Paravents

- Bandeau de devant : 1 planche de pin lamellé de 22 mm d'épaisseur, de 198 cm x 25 cm
- Bandeaux latéraux : 2 planches en pin lamellé de 22 mm d'épaisseur, de 232 cm x 25 cm
- Bandeau de fond (contre mur) : 1 planche de pin lamellé de 22 mm d'épaisseur, de 193,6 cm x 25 cm
- Panneaux japonais : 6 kits complets de 200 x 100 cm
- Calages inférieurs : 12 tasseaux quart-de-rond de 20 x 20 mm de section et 100 cm de long
- Liaisons entre bandeaux (arrière) : 2 tasseaux de 20 x 20 mm de section et 25 cm de long
- Liaisons entre panneaux (devant) : 2 tasseaux de 20 x 20 mm de section et 225 cm de long

▶ Fournitures

vis 4 x 50 mm et 3 x 35 mm, tourillons de 8 mm de diamètre, 32 roulettes pivotantes petit modèle, 8 poignées de tiroir, moquette rase (environ 2,5 m^2), colle à bois et colle à moquette, sommier à lattes en kit et matelas

1 Comment réaliser une chambre intime et zen

1. Fabriquez les trois parties du podium. Pour les côtés, les fonds sont alignés sur les plateaux aux extrémités en contact avec les murs (vissage face des plateaux contre chant des fonds). À l'avant, la première cloison est placée à 55 cm. Les deux autres sont également réparties sur la longueur restante. Pour le devant, les cloisons sont placées à 35 cm des extrémités du plateau.

2. Servez-vous des côtés assemblés pour repérer les découpes et l'emplacement des cloisons au dos des panneaux de façade correspondants. La traverse supérieure mesure 5 cm de large.

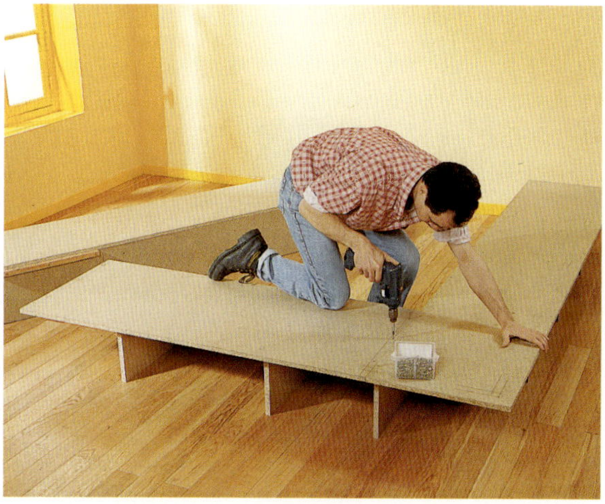

3. Vissez un tasseau de liaison sur les panneaux de fond des côtés, au ras de l'extrémité avant et du plateau. Utilisez ces tasseaux pour visser les côtés sur le devant.

4. Découpez les passages de tiroir dans les façades latérales à la scie sauteuse. Vissez ensuite un tasseau de liaison le long des tracés repérés pour les cloisons.

5. Mettez en place les façades latérales sous les plateaux. Vissez-les sur les cloisons par l'intermédiaire des tasseaux de liaison. La façade de devant est fixée par des vis plantées au travers des plateaux.

2 Comment réaliser une chambre intime et zen

6. Découpez la moquette en laissant au minimum des marges de 5 cm. Mettez en place les pièces. Repliez-les. Appliquez la colle à la spatule crantée. Pour les bords, utilisez de la colle Néoprène.

7. Collez la moquette. Marouflez. Réalisez des raccords à joints vifs en diagonale dans les angles. Recoupez les chutes au ras des chants des panneaux. Clouez les couvre-joints périphériques.

8. Assemblez ensuite les tiroirs, face des côtés contre chant du dos. Le fond est placé à 20 cm de l'arête supérieure du tiroir. Vissez des tasseaux de liaison à l'arrière des façades et fixez les deux ensembles.

9. Les roulettes pivotantes sont vissées sous le fond à raison de 4 par tiroir. En hauteur, elles ne doivent pas dépasser de plus de 15 mm de l'arête inférieure des côtés du tiroir.

10. Assemblez le sommier à lattes selon les indications du fabricant. Il est choisi de façon à ne pas dépasser 15 cm de hauteur hors tout (pour un matelas de même épaisseur).

11. Ajustez le podium de part et d'autre de la traverse fixée dans le mur. Installez le sommier dans son encastrement.

12. Assemblez les panneaux japonais selon les indications fournies dans la notice du kit. En partie haute, deux panneaux sont assemblés avec un bandeau au moyen de deux tourillons par panneau. Celui-ci est aligné sur l'extrémité du bandeau.

13. En partie basse, chaque panneau est équipé de deux nouveaux tourillons. Ceux-ci doivent dépasser de 20 mm exactement.

14. Repérez l'emplacement des panneaux, à environ 16 cm des bords du podium (vérifiez). Vissez les tasseaux de calage de chaque côté de cette ligne, séparé d'un espace égal au diamètre des tourillons (8 mm).

15. À l'aide d'un fil à plomb, repérez sur le mur l'emplacement du bandeau de fond. Réglez sa hauteur en fonction de celle des paravents, en principe au ras du plafond. Fixez-le. Ajoutez un tasseau de liaison de chaque côté.

16. Faites-vous aider pour l'installation des paravents latéraux, posés en appui dans les tasseaux quart-de-rond grâce à leurs tourillons. Calez bien contre le mur. Vérifiez l'aplomb, puis vissez sur le tasseau de liaison.

17. Mettez en place le second paravent latéral de la même façon, puis dressez le paravent de devant. Il est fixé sur les éléments latéraux par l'intermédiaire de deux nouveaux tasseaux de liaison, vissés dans les angles intérieurs.

Une bibliothèque sur mesure

Imposante, cette bibliothèque occupe tout un pan de mur, du sol au plafond. Extrêmement solide, elle est prévue pour supporter les charges les plus lourdes sans se déformer. Cette résistance est obtenue grâce à une conception particulière de ses étagères qui ne mesurent pas moins de 6 cm d'épaisseur. Un autre avantage de ce principe est de faire disparaître les supports habituels des étagères. Il n'y a pas de taquets ni de tasseaux apparents puisque les fixations sont intégrées dans l'épaisseur des tablettes. Enfin, les poteaux verticaux sont creux. Ils peuvent donc habiller toutes sortes de canalisations, qu'il s'agisse de conduites électriques, de tuyaux pour le chauffage et l'alimentation en eau, ou encore, comme ici, d'une descente d'évacuation.

Les outils

- scie circulaire
- perceuse-visseuse
- serre-joints

Deux tablettes, un cadre

Les étagères s'apparentent à des sandwichs composés de deux parements enserrant un cadre en tasseaux. L'astuce consiste à utiliser ce cadre intermédiaire pour installer puis fixer les étagères sur le mur d'appui et les montants latéraux. Le cadre est monté en deux parties. La première, constituée d'un seul tasseau, vissé sur la longueur, au ras des chants, entre les deux tablettes, vient s'adapter sur la seconde partie, composée des trois autres tasseaux, déjà vissés sur le mur et les montants (photos 3 et 4). Grâce à cela, les étagères sont maintenues sur trois côtés, sans que ces fixations soient visibles. L'ensemble peut résister à plusieurs centaines de kilos de charge.

▸ Les poteaux se fabriquent également par étapes. Les tasseaux d'appui sont d'abord fixés verticalement sur le mur. Les côtés sont ensuite vissés après avoir été équipés des deux autres tasseaux (photo 1). Il suffit enfin de poser le panneau avant (photo 2).

▸ Le poteau de gauche ne descend pas jusqu'au sol mais prend appui sur la console basse. Pour son installation, deux solutions sont envisageables, soit le poser du sol au plafond puis le recouper ensuite sur mesure à la hauteur de la console, soit le poser prédécoupé à la bonne hauteur, à partir du plafond.

Adapter sur mesure

Au-delà de 150 cm de largeur, réalisez trois colonnes au lieu de deux. Vous pouvez également opter pour des rapports de longueurs variables (ex. : 120 cm – 90 cm). En hauteur, le bandeau de masquage D ne doit pas dépasser 20 cm. Le cas échéant, augmentez la hauteur des intervalles entre les étagères ou ajoutez un niveau supplémentaire. Entre 2,40 m et 2,50 m de hauteur sous plafond, réglez ces intervalles à 40 cm au lieu de 45.

Panneau de fibres

Cette bibliothèque est entièrement fabriquée en panneaux de fibres de

L'ART ABSTRAIT

moyenne densité (M.D.F.) de 20 mm d'épaisseur, sauf le socle G de la console, en 30 mm d'épaisseur. Compte tenu de la quantité importante de panneaux mise en œuvre et de l'investissement que cela représente, une solution plus économique consiste à utiliser de l'aggloméré standard de mêmes épaisseurs. Dans ce cas, vous devrez soigneusement enduire la bibliothèque avant la réalisation de la finition afin de faire disparaître les irrégularités de surface.
À noter : pour éviter de fendre les panneaux lors du vissage, percez des avant-trous.

Faux-semblant

En recourant à la même décoration pour la bibliothèque et pour les murs, vous donnerez l'impression que celle-ci est intégrée à la maçonnerie. À l'inverse, si vous optez pour une finition contrastée, une teinte à bois par exemple, l'aspect de la bibliothèque sera plus imposant.

Feuille de débit (en cm)

Pour une bibliothèque de 260 x 280 x 40 cm

▶ **Étagères intermédiaires et sous plafond**
- **A** tablettes : 7 x 2 panneaux en 20 mm d'épaisseur et de 120 x 30 cm
- **B** longs de structure : 7 x 2 tasseaux de 20 x 30 mm de section et 120 cm de long
- **C** côtés de structure : 7 x 2 tasseaux de 20 x 30 mm de section et 24 cm de long
- **D** bandeau : 6 x 1 panneau en 20 mm d'épaisseur et de 120 x 6 cm. Sous plafond, le bandeau est adapté à la hauteur restante soit environ 9 cm au lieu de 6

▶ **Console**
- **E** plateau : composé de 2 panneaux en 20 mm d'épaisseur de 280 x 40 cm, 1 tasseau de 20 x 30 mm de section et 280 cm de long, 2 tasseaux de 20 x 30 mm de section et 127,5 cm de long, 4 tasseaux de 20 x 30 mm de section et 34 cm de long
- **F** séparations : 4 x 2 panneaux en 20 mm d'épaisseur, de 40 x 37 cm
- **G** socle : 1 panneau en 30 mm d'épaisseur, de 280 x 40 cm
- **H** appuis de socle : composé de 1 tasseau de 50 x 30 mm de section et 270 cm de long, 2 tasseaux de 50 x 30 mm de section et 27 cm de long

▶ **Poteau de gauche (J)**
- 2 panneaux de côté en 20 mm d'épaisseur et 209 x 30 cm
- 1 panneau avant en 20 mm d'épaisseur et 209 x 15 cm
- 4 tasseaux de 30 x 30 mm de section et 209 cm de long

▶ **Poteau central (K)**
- 2 panneaux de côté en 20 mm d'épaisseur et 260 x 30 cm
- 1 panneau avant en 20 mm d'épaisseur et 260 x 25 cm
- 4 tasseaux de 30 x 30 mm de section et 260 cm de long

▶ **Fournitures :** vis 4 x 40 mm, 4 x 50 mm, 5 x 80 mm, pâte à bois, peinture ou teinte à bois

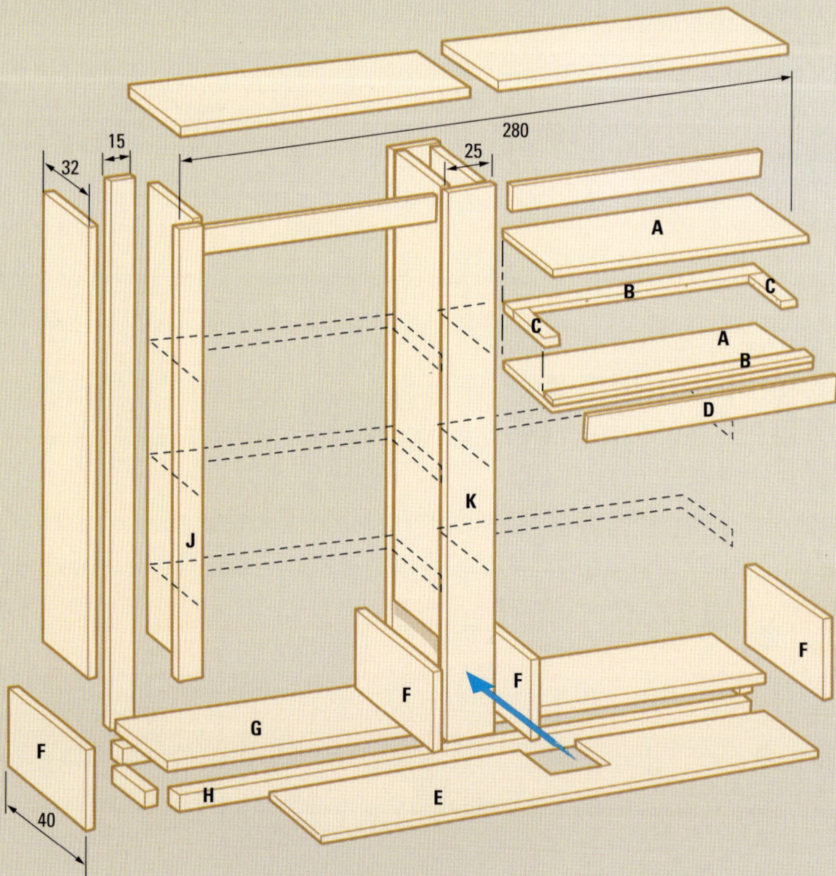

1 Comment réaliser une bibliothèque sur mesure

1. L'alignement des tasseaux verticaux de chaque côté du tuyau de descente est réglé au niveau à bulle. Sont ensuite ajoutés les côtés du coffrage. Ils sont déjà équipés de leur tasseau d'assemblage, vissé le long du chant.

2. Une fois les deux côtés posés, il suffit de visser le panneau de façade. Un tracé au crayon permet d'aligner les vis et de les planter directement dans le tasseau sous-jacent.

3. Préparez les étagères en vissant un tasseau B, après l'avoir encollé, entre deux tablettes A. Ajustez soigneusement les arêtes. Sur le mur et les côtés des poteaux, repérez l'emplacement des étagères en fonction des indications du plan.

4. Vissez le second tasseau B sur le mur, bien aligné sur le tracé précédent. Vissez les tasseaux C sur les côtés des poteaux, dans le prolongement du tasseau B. Réglez soigneusement les niveaux à l'équerre. Il suffit ensuite d'engager à fond l'ensemble réalisé en 3, en utilisant les tasseaux C comme glissières.

5. Vissez les tablettes A sur les tasseaux fixés dans les côtés et le mur afin de solidariser l'ensemble. Terminez le montage des étagères en vissant – ou clouant – un bandeau de masquage D.

2 Comment réaliser une bibliothèque sur mesure

6. Le panneau de socle G est entaillé presque en son milieu pour laisser la place au poteau central. Il est ensuite vissé sur les quatre cloisons F composées de deux panneaux collés ensemble. Le socle G reçoit également les appuis H, posés de 5 à 10 cm en retrait des bords.

7. Vissez le second tasseau B sur le mur, bien aligné sur le tracé précédent. Vissez les tasseaux C sur les côtés des poteaux, dans le prolongement du tasseau B. Réglez soigneusement les niveaux à l'équerre. Il suffit ensuite d'engager à fond l'ensemble réalisé en 3, en utilisant les tasseaux C comme glissières.

8. Avant d'appliquer la finition, faîtes disparaître toutes les têtes de vis en appliquant un mastic de rebouchage ou de la pâte à bois. Laissez sécher, poncez et dépoussiérez soigneusement.

9. Le M.D.F. est très absorbant. Une première couche d'impression réalisée avec une peinture acrylique mate standard permet de corriger ce défaut. Attention, n'utilisez pas une peinture monocouche, trop épaisse.

10. Après le séchage de la couche d'impression, réalisez la finition. Ci-contre, un aspect épongé qui s'intègre discrètement à la décoration de la pièce.

Un range-bouteilles pour la cave

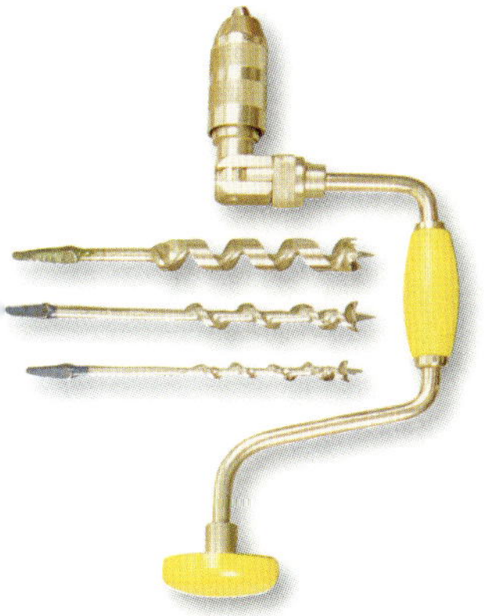

Vous avez la chance de disposer d'une cave ? Voilà une solution élégante pour en rationaliser l'espace et ranger votre réserve. La forme originale de cet ensemble vous permet d'entreposer près de 200 bouteilles, réparties en 8 cases de rangement, pour distinguer les différentes provenances et les durées de vieillissement. D'un seul coup d'œil vous pourrez ainsi jauger l'état de vos stocks. Ce meuble est fabriqué en planches de sapin rabotées, un produit courant et économique. Son assemblage ne pose pas de difficulté puisque tous les éléments sont vissés. Il ne vous faudra pas plus d'une demi-journée pour le réaliser, du premier débit des planches jusqu'à l'entreposage des bouteilles !

Les outils

- scie sauteuse ou circulaire
- perceuse-visseuse
- forets à bois
- marteau
- serre-joints
- clé à pipe
- nécessaire de tracé

Des assemblages vissés

La fabrication débute par les casiers intérieurs qui constituent un grand carré de 881 mm de côté. Les planches qui en forment le cadre sont vissées sur un tasseau d'assemblage placé du côté intérieur. De ce fait, les quatre angles forment des encoches triangulaires qui seront utilisées plus tard pour insérer ces casiers intérieurs dans le cadre principal.
À noter : la même technique d'assemblage est utilisée pour fixer les compartiments intérieurs. Chaque tasseau comporte 3 vis par côté, soit 96 en tout. Assurez-vous que la batterie de votre visseuse sans fil est bien chargée !

Attention à la découpe !

Lorsque les casiers intérieurs sont assemblés, mesurez soigneusement les diagonales. En effet, les dimensions indiquées dans la feuille de débit pour les planches A et B correspondent à des cotes sur plan, pour un ensemble intérieur réalisé à la perfection et à partir d'éléments parfaitement calibrés. Mais comme la perfection n'est pas de ce monde et que vous n'êtes pas équipé de la station d'usinage d'un menuisier industriel, vous devrez certainement adapter ces mesures.

▶ L'astuce consiste à ne couper ces éléments qu'après la réalisation du rangement central. La longueur des planches A est égale à la diagonale de ce rangement. Et il faut ajouter 54 mm, soit deux fois l'épaisseur des planches (27 mm), pour obtenir la longueur des côtés B.

Plusieurs range-bouteilles peuvent être installés côte à côte ou même superposés. Il est alors préférable de les visser entre eux. S'ils sont superposés, fixez la rangée supérieure au mur au moyen de 2 équerres.

▶ Agissez avec la même précaution pour les bandeaux de socle H. Il est préférable de les couper sur-mesure après avoir terminé le reste de l'assemblage.

Un fond en option

Vous pouvez compléter le rangement en ajoutant un fond. L'idéal est d'utiliser un panneau de fibres haute densité (H.D.F.) perforé, communément appelé Isorel. Sinon, n'importe quel panneau, en M.D.F. ou en contreplaqué, jusqu'à 5 mm d'épaisseur peut convenir, à condition de laisser un minimum d'espace pour permettre le renouvellement de l'air et éviter les problèmes de moisissure. Le plus simple consiste alors à fixer verticalement des bandes de 20 cm de large, en laissant un espace de 12 mm environ entre chaque bande. Celles-ci sont simplement clouées à l'arrière des casiers.

Pas de finition

Le rangement est laissé à l'état brut, sans application de produit de traitement, insecticide ou fongicide, afin d'éviter tout dégagement qui pourrait gâter les bouteilles. Si votre cave est très humide, il pourra être utile d'installer un système de ventilation. En effet, une humidité trop forte abîme les bouchons et détruit les étiquettes, en plus de favoriser le pourrissement du rangement.

Feuille de débit (en mm)

Pour un rangement de 1262 x 1337 x 250 mm (largeur x hauteur x profondeur).
Sauf indication contraire, tous les éléments sont en planche de sapin raboté de 27 mm d'épaisseur et de 250 mm de largeur.

▶ Cadre extérieur
- **A** dessus et dessous : 2 planches de 1 208 mm de long
- **B** côtés : 2 planches de 1 262 mm de long (les mesures sont à vérifier après assemblage du cadre intérieur)
- **C** blocages de cadre : 4 tasseaux demi-ronds de 25 mm de diamètre et 25 cm de long

▶ Rangement intérieur
- **D** côtés : 4 planches de 827 mm de long
- **E** grande séparation : 1 planche de 827 mm de long
- **F** petites séparations : 2 planches de 400 mm de long
- **G** : 16 tasseaux d'assemblage en pin de 27 x 27 mm de section et 250 mm de long

▶ Socle
- **H** bandeaux avant et arrière : 2 chevrons de 55 x 75 mm de section et 1 262 mm de long
- **I** côtés : 2 chevrons de 55 x 75 mm de section et 140 mm de long

▶ Fournitures : vis VBA 4 x 50 mm, tire-fonds 6 x 60 mm, colle blanche

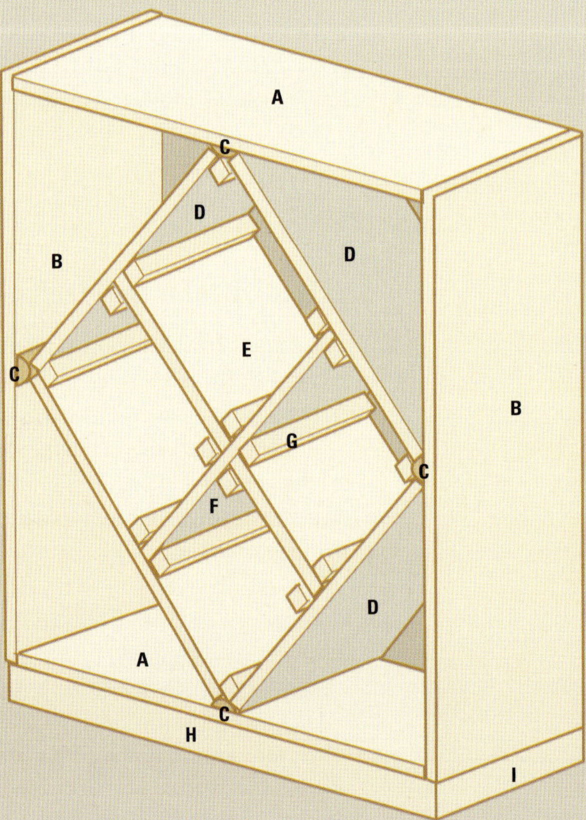

Comment réaliser un range-bouteilles pour la cave

1. Débitez les planches D, E, F nécessaires à l'assemblage des casiers intérieurs. Servez-vous de préférence d'une scie circulaire qui permet des coupes droites plus précises.

2. Pour obtenir des tasseaux d'assemblage de la même longueur, l'idéal est de les débiter en série. Assemblez-en plusieurs avec des serre-joints, puis tracez des sections de 25 cm de longueur à l'équerre.

3. Débitez ensuite les tasseaux, à la scie égoïne ou à la scie sauteuse. Rectifiez les coupes au papier de verre pour enlever les échardes éventuelles.

4. Chaque tasseau reçoit 6 vis, soit 3 par face. Percer des avant-trous permet de faciliter le vissage et de répartir correctement leur emplacement. L'opération s'effectue également en série, en assemblant plusieurs tasseaux à la fois pour faciliter le traçage.

5. Les tasseaux G sont vissés aux angles intérieurs des casiers. Le repérage de leur emplacement est particulièrement utile au centre des planches D et E. En leur milieu, repérez l'épaisseur de 27 mm des éléments F qui viendront s'assembler, en traçant à l'équerre deux traits à 40 cm de distance des extrémités.

6. Vissez les tasseaux G sur les planches D et E, au ras de leurs chants. Au milieu, vérifiez que les planches F s'insèrent sans difficulté entre les deux tasseaux correspondants avant de les visser définitivement.

7. Montez le cadre du rangement intérieur en vissant les 4 planches D par l'intermédiaire de leurs tasseaux G.

8. Insérez la séparation centrale E entre les tasseaux correspondants et vissez-la.

9. Terminez l'assemblage de cette partie en ajoutant les séparations F. Si vos découpes ont été correctes, elles s'insèrent sans difficulté en quelques coups de maillet. Vissez-les sur les tasseaux.

10. Clouez exactement au centre des planches A et B les 4 tasseaux demi-ronds C qui servent de blocage. Les planches sont découpées sur mesure de façon à parfaitement encadrer le rangement intérieur.

11. Assemblez le cadre extérieur en vissant la face des planches B sur le chant des planches A après avoir pratiqué des avant-trous.

12. Redressez ensuite le rangement. Mesurez sa largeur et coupez les bandeaux H selon cette dimension. Ils sont ensuite encollés, mis en place et bloqués avec des serre-joints.

13. Des tire-fonds, encastrés dans des avant-trous, complètent la fixation du socle. Posez les côtés I avant de mettre en place le second bandeau H. Les tire-fonds sont vissés avec une clé à pipe.

Une crédence multiservices

Tout simple, cet aménagement apporte une petite touche personnelle à la cuisine. Il est particulièrement intéressant lorsque celle-ci est ouverte sur la salle à manger. En habillant le mur dans le prolongement du comptoir, il crée une séparation visuelle, discrète mais efficace. Cette crédence sert à tout grâce à ses petites étagères, adaptables à volonté, et à ses intervalles qui peuvent recevoir toutes sortes de crochets. Aménagez-la à votre guise !

Les outils

- scie sauteuse
- perceuse-visseuse
- équerre

Un râtelier vertical

Le râtelier vertical est un assemblage de traverses, vissées sur l'envers. L'intervalle qui les sépare est égal à leur épaisseur, soit 15 mm. En jouant sur le nombre de traverses ou la largeur de leur section, vous pouvez adapter librement la hauteur de l'ensemble. Ici, avec 15 traverses de 12 cm de large, la crédence mesure 204 cm. Avec des traverses de 10 cm de large seulement, elle ne mesurerait plus que 174 cm.

▶ Les planches utilisées sont en hêtre, mais le pin convient également. Le dessus est un panneau latté en bois massif de 15 mm d'épaisseur. D'un côté, il est posé sur le râtelier vertical, de l'autre, il est maintenu par deux suspentes à tige filetée. Ces accessoires sont pratiques parce qu'ils permettent de régler précisément le niveau horizontal du panneau, par vissage ou dévissage de l'écrou de maintien.

▶ Une autre solution consiste à visser deux pitons à œil dans le plafond et deux autres sur le dessus du panneau, puis à les relier avec un fil métallique (fer ou laiton).

Feuille de débit (en cm)

- **Traverses :** 15 planches de 120 x 15 mm de section, 80 cm de long
- **Montants :** 2 planches de 100 x 15 mm de section, 204 cm de long
- **Dessus :** 1 panneau de 15 mm d'épaisseur, de 120 x 80 cm
- **Liaison :** 1 planche de 60 x 15 mm de section, 40 cm de long
- **Étagères :** planches de 120 x 15 mm de section, de 20 à 80 cm de long
- **Fournitures :** 2 suspentes à tige filetée, tringle à crochets, vis 3 x 25 mm et 5 x 70 mm

Le blocage

Le seul aspect un peu technique de cette réalisation est la liaison entre le dessus et le râtelier (photo 3). Les montants de ce dernier dépassent la dernière traverse de 1,5 cm. Deux entailles doivent donc être découpées à l'extrémité du panneau de dessus afin qu'il puisse s'adapter sur les montants. Ces entailles mesurent 10 cm de longueur sur 1,5 cm de profondeur. Le blocage de cet assemblage est assuré par une pièce de liaison ajoutée sur la face inférieure du panneau de dessus. Lors du montage, elle s'adapte derrière la dernière traverse du râtelier, entre les montants, et fait office de clé.

Comment réaliser une crédence multiservices

1. Pour faciliter l'alignement, tracez l'emplacement des montants (10 cm de large) au dos des traverses, à 10 cm de leurs extrémités. Disposez les traverses au sol, bien alignées, en vous servant d'une chute pour calibrer les intervalles. Posez les montants sur les tracés. Faites-les dépasser de 1,5 cm au-dessus de la première traverse. Vérifiez les alignements à l'équerre, puis fixez les montants sur chaque traverse au moyen de deux vis posées en diagonale sur l'intersection.

2. Repérez sur le mur l'emplacement du râtelier. Percez le sommet des montants d'un trou de repérage. Ajustez le râtelier sur le tracé. Vérifiez les niveaux. Marquez l'emplacement des trous. Percez le mur sur ces repères. Chevillez puis vissez le râtelier. Faites de même à la base des montants, voire au milieu du râtelier, entre deux traverses, si vous envisagez d'entreposer des objets lourds.

3. À l'extrémité du panneau de dessus, découpez deux entailles dans le prolongement des montants du râtelier. Entre ces deux entailles, vissez la pièce de liaison au ras du chant. Percez des avant-trous pour faciliter le passage des vis. Une autre solution consiste à découper une entaille de 60 cm de largeur puis à visser la pièce de liaison dans le chant du panneau.

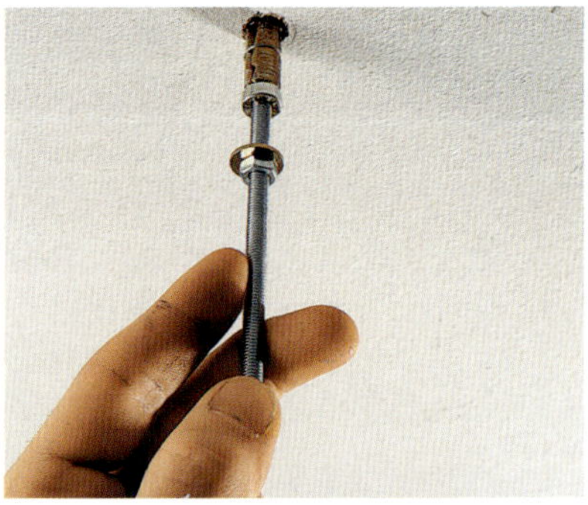

4. Repérez l'emplacement des suspentes sur le plafond. Le plus simple consiste à tracer, à partir du mur et au crayon fin, le contour du panneau de dessus. Les trous de fixation sont placés à 5 cm en retrait des angles du tracé, exactement comme sur le panneau. Percez les trous. Effacez les repères à la gomme. Posez les suspentes avec des chevilles adaptées à la nature du plafond.

5. Calez le panneau du dessus sur le râtelier en glissant la pièce de liaison derrière la dernière traverse. Enfilez les tiges filetées dans les trous et réglez l'horizontale au niveau à bulle. Installez les crochets et les étagères amovibles.

Un placard cache-compteur

Souvent installés dans l'entrée de l'appartement, le compteur et le tableau électrique contrastent singulièrement avec le reste de la décoration ! Le meilleur moyen reste encore de les dissimuler. C'est le rôle dévolu à cette colonne qui offre, en plus, quelques étagères bien utiles dans l'entrée.

Feuille de débit (en cm)

Pour une colonne de 32,2 x 21,6 x 260 cm (largeur x profondeur x hauteur)

- **2 côtés** en médium de 16 mm d'épaisseur, de 260 x 20 cm
- **1 porte** en médium de 16 mm d'épaisseur, de 258 x 32,2 cm
- **6 étagères** en médium de 16 mm d'épaisseur, de 30 x 20 cm
- **3 charnières** invisibles à encastrer
- **Fournitures :** colle blanche, finition (vernis, cire, peinture)

Les outils

- scie sauteuse
- ciseau à bois 16 mm ou défonceuse
- visseuse
- fraise à encastrer
- sangles et serre-joints

Avec ou sans défonceuse

La colonne ne comporte pas de fond mais seulement deux côtés, assemblés sur les étagères, le tout étant dissimulé derrière une porte, plaquée sur l'ensemble. L'assemblage est réalisé sans clous, ni vis, grâce à des rainures, pratiquées sur la face intérieure de chaque côté, dans lesquelles viennent s'encastrer les extrémités des étagères. Ce mode d'assemblage requiert une grande précision pour la découpe des rainures. Celles-ci mesurent 5 mm de profondeur et 16 mm de largeur, dimension strictement égale à l'épaisseur des étagères.

▶ Une défonceuse électrique équipée d'une fraise droite permet de découper ces rainures avec la meilleure précision possible. Si vous ne possédez pas cet outil, travaillez à l'ancienne, au ciseau à bois et au maillet. Avec un peu de minutie, vous obtiendrez un résultat équivalent, mais il vous faudra, évidemment, beaucoup plus de temps. Si ce dernier vous manque, une dernière solution consiste à réaliser des assemblages face contre chant, supportés par des tasseaux d'appui (encadré ci-contre).

▶ La colonne comporte six étagères. Deux sont placées en haut et en bas du meuble, leurs rainures étant situées à 5 cm des extrémités des panneaux de côté. Les autres sont réparties sur la hauteur, en fonction de ce que vous souhaitez ranger et de l'emplacement exact du compteur. Respectez une distance minimale de 20 cm entre deux étagères.

▶ En hauteur, la porte mesure 2 cm de moins que les côtés ce qui laisse un jeu d'un centimètre en haut et en bas pour éviter les frottements éventuels contre le sol ou le plafond.

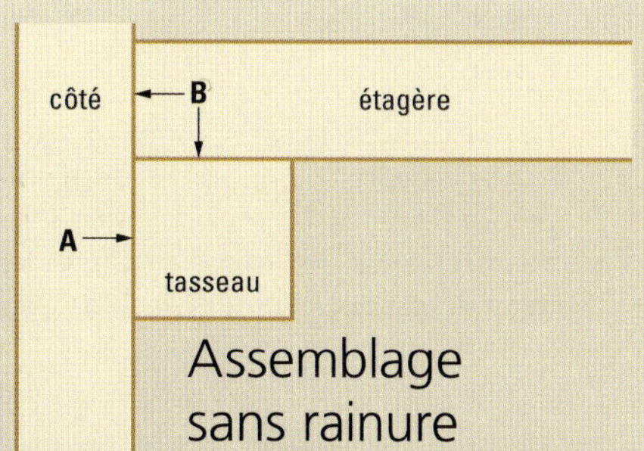

Assemblage sans rainure

Après avoir repéré l'emplacement des étagères sur les deux côtés (étape 1), collez des tasseaux de 20 x 20 mm de section et 20 cm de long au ras du tracé (A). Collez ensuite chaque étagère dans l'angle formé par le tasseau et le côté (B). Attention, avec ce mode d'assemblage, la porte mesure 33,2 cm de large au lieu de 32,2 cm.

Comment réaliser un placard cache-compteur

1. Tracez l'emplacement des étagères. À l'équerre, tracez des traits parallèles, séparés de 16 mm, à 5 cm des extrémités du côté, puis là où vous avez choisi de placer vos étagères.

2. Découpez ensuite les rainures. En l'absence de défonceuse, entaillez les deux tracés sur leur longueur, puis creusez la rainure au ciseau à bois. Égalisez le fond avec une bande de papier de verre enroulée sur une petite cale rectangulaire.

3. N'oubliez pas de mesurer puis de découper l'évidement nécessaire à l'arrière de chaque étagère afin de permettre le passage des gaines électriques ou des tuyaux de plomberie.

4. Percez l'encastrement des charnières. Pour cela, il faut une fraise spéciale de même diamètre que la charnière. Cet accessoire est vendu dans les grandes surfaces de bricolage. Alignez la porte le long d'un côté. Répartissez les charnières, une en haut, une en bas et une au milieu, de façon à ne pas être gêné par les étagères. Suivez scrupuleusement la notice de pose fournie avec la charnière pour repérer son emplacement sur la porte.

5. Vissez les charnières. Chacune comporte deux pièces, le mécanisme, monté sur la porte, et la ferrure, vissée sur le côté, en vis-à-vis.

6. Encollez et assemblez. Prévoyez au moins une sangle ou un grand serre-joint par étagère. Encollez généreusement les rainures. Ajustez les étagères sur le premier côté. Faites-les pénétrer de force au maillet. Ajoutez le second côté. Posez le meuble à plat et placez les serre-joints.

7. Posez la porte. Lorsque les assemblages sont secs, vissez les charnières de la porte et procédez à la finition du meuble, en appliquant deux couches de cire, de vernis ou de peinture.

Idées déco
futées

Une baignoire astucieuse

Tirez parti du moindre espace disponible dans la salle de bains ! Cet habillage, facile à adapter, offre quelques rangements supplémentaires pour entreposer tout ce qui traîne habituellement sur les rebords de la baignoire et dont vous ne savez que faire.

Adapter dans les règles

Cet habillage est prévu pour s'adapter à tous les modes de pose d'une baignoire classique, dans un angle, en milieu de mur ou encastré entre deux cloisons. Il se compose d'une façade, complétée par un ou deux retours d'angle. Évidemment, avant de découper les différents éléments, il convient de bien vérifier que les cotes indiquées correspondent aux dimensions de votre baignoire, à savoir sa longueur totale, sa largeur et sa hauteur.

Les panneaux se glissent juste sous le rebord et sont maintenus en place par le réglage des patins (photo 10). Les dimensions exactes de l'habillage (voir feuille de débit p. 90) sont donc les suivantes :

- La longueur du panneau A est égale à la longueur de la baignoire.
- La largeur du panneau B est égale à celle de la baignoire moins 18 mm.

Les outils

- scie sauteuse
- perceuse-visseuse
- maillet
- nécessaire de tracé

Cet habillage élégant libère le dessus de la baignoire et permet de conserver sous la main les produits que vous utilisez tous les jours.

Trappe de visite

Il est toujours prudent de prévoir un accès au siphon de la baignoire au cas où il faudrait intervenir pour le déboucher ou réparer une fuite. Il suffit de pour cela de ne pas fixer la boîte la plus proche du siphon (photo 6) et de percer deux trous de 15 mm de diamètre dans chacun de ses montants. Pour sortir la boîte, tirez-la en utilisant les trous pour passer les doigts.

▶ La hauteur des panneaux est égale à la distance mesurée entre le sol et le dessous du rebord de la baignoire moins la hauteur des patins réglables (15 à 20 mm en règle générale).

La réalisation présente trois largeurs de boîte différentes, de 15, 30 ou 45 cm, pour une hauteur constante de 30 cm. Vous avez ainsi la liberté de composer l'habillage selon vos envies ou vos besoins de rangements. La seule règle à observer est de conserver des intervalles d'au moins 10 cm entre les boîtes.

À noter: il y a toujours un intervalle de plus que le nombre de boîtes.

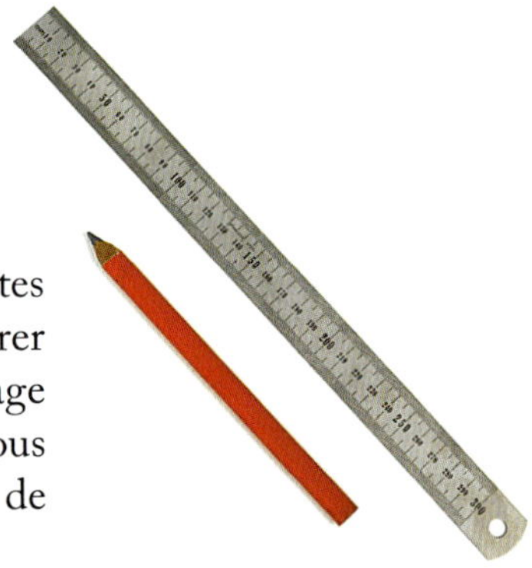

Limiter les chutes...

Les découpes réalisées dans les panneaux servent à fabriquer le fond des boîtes de rangement. Le cadre de celles-ci est donc calculé de façon à s'encastrer exactement dans l'ouverture (photo 5). Tous les éléments de cet habillage sont découpés dans du contreplaqué multiplis de 18 mm d'épaisseur. Si vous envisagez de carreler ou de doubler l'habillage avec un vinyle adhésif, de l'aggloméré qualité CTB-H de même épaisseur peut aussi convenir.

▶ La finition choisie, vernie ou peinte, doit résister à l'eau. Elle est appliquée en deux couches.

▶ La baignoire doit être mise en place et raccordée (évacuation et alimentation), avant d'installer l'habillage.

Feuille de débit (en cm)

À noter: les dimensions indiquées sont à adapter en fonction des cotes exactes de votre baignoire

- **A façade :** 1 panneau en contreplaqué multiplis de 18 mm d'épaisseur de 180 x 60 cm
- **B retour :** 1 panneau en contreplaqué multiplis de 18 mm d'épaisseur de 60 x 60 cm
- **C boîte triple** (45 x 30 cm) : 2 tasseaux en contreplaqué multiplis de 18 mm, de 45 x 10 cm et 2 tasseaux en contreplaqué multiplis de 18 mm, de 26,4 x 10 cm
- **D boîte simple** (15 x 30 cm) : 2 tasseaux en contreplaqué multiplis de 18 mm, de 15 x 10 cm et 2 tasseaux en contreplaqué multiplis de 18 mm, de 26,4 x 10 cm
- **E boîte double** (30 x 30 cm) : 2 tasseaux en contreplaqué multiplis de 18 mm, de 30 x 10 cm et 2 tasseaux en contreplaqué multiplis de 18 mm, de 26,4 x 10 cm.
- **F :** idem D
- **Fournitures :** équerres en L, patins réglables (3 en façade, 2 par retour), vis VBA 4 x 40 mm, tourillons de 8 mm de diamètre

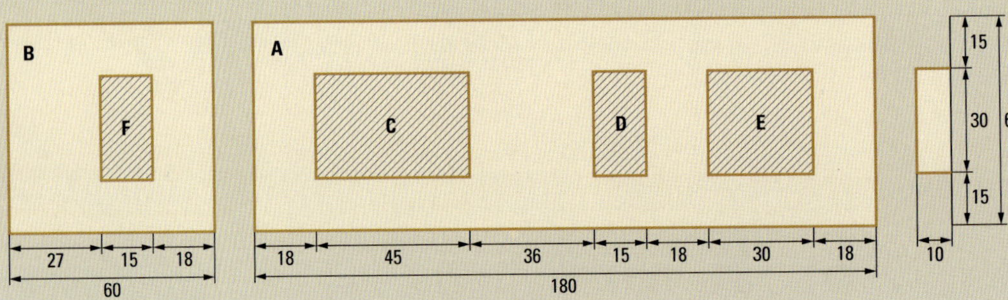

1 Comment réaliser une baignoire astucieuse

1. Fabriquez les cadres des boîtes C, D et E en vissant les grands côtés sur les petits. Calez les pièces et utilisez une équerre pour obtenir des angles parfaitement droits.

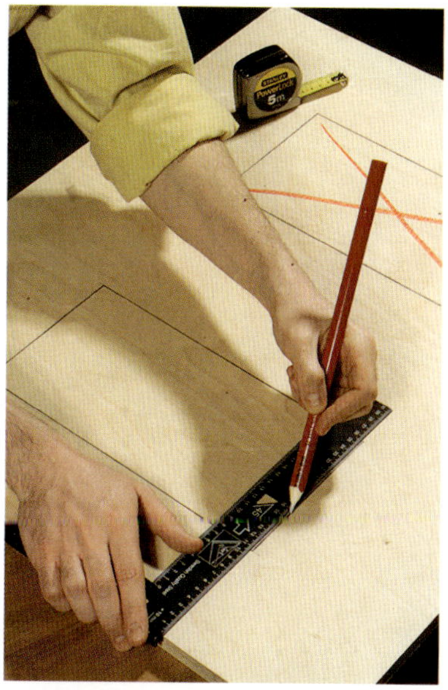

2. Tracez l'emplacement des boîtes sur les panneaux A et B. L'équerrage est parfait lorsque les diagonales (en rouge) mesurent exactement la même longueur.

3. Percez un trou de 10 mm de diamètre aux quatre coins des tracés de façon à engager la lame de la scie sauteuse. Avec l'aide d'un guide, découpez les fonds avec précision.

4. Vissez les fonds au dos des cadres correspondants. Poncez à la râpe et au papier de verre de façon à bien égaliser les différents assemblages.

5. Posez les panneaux A et B à l'envers sur l'établi. Ajustez les boîtes. Encollez les parties en contact. Enfoncez-les dans leur logement au maillet.

2 Comment réaliser une baignoire astucieuse

6. Retournez les panneaux A et B. Percez deux trous de 8 mm de diamètre dans chaque côté des boîtes. Encollez , puis enfoncez des tourillons dans les trous. S'ils dépassent, recoupez-les avec une scie à dos. Poncez.

7. Plantez les patins réglables à la base des panneaux A et B en les répartissant régulièrement sur toute la longueur.

8. Appliquez le vernis en deux couches après avoir poncé et dépoussiéré toute la surface de l'habillage. Appliquez également une couche de vernis sur l'envers.

9. Assemblez le panneau de façade A sur les retours latéraux B au moyen de deux ou trois équerres en L vissées à l'intérieur des angles.

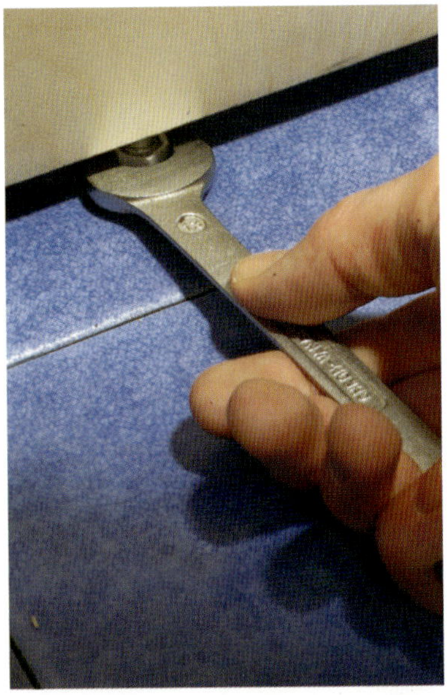

10. Glissez l'habillage de la baignoire sous les rebords. Ajustez. Coincez l'habillage en réglant la hauteur des patins.

Une petite étagère à l'ancienne

Suspendue par deux crochets fixés en haut de ses montants, cette étagère ne prend pas de place. Sa fabrication demande un peu de doigté pour dessiner, à main levée, le contour des montants. Pour le reste, c'est une bonne application du principe d'assemblage par enfourchement.

Un double verrouillage

Un enfourchement consiste à découper des entailles dans lesquelles coulissent les pièces disposées à angle droit (voir p. 147). Ici, c'est le cas pour les montants par rapport à la tablette (photo 4). En largeur, ces entailles mesurent exactement l'épaisseur des éléments, soit 2 cm. Une fois ces pièces assemblées, l'ensemble est verrouillé par la mise en place de la traverse (photo 5).

► Le tracé et la découpe des différentes entailles doivent être réalisés avec la plus grande précision. S'ils ne sont pas exacts, le léger jeu qui en résulte ne permet pas de bloquer parfaitement les différents éléments entre eux au moment de l'assemblage. Il est donc préférable de scier un peu court, en guidant la lame de la scie sauteuse le long du tracé du côté de la chute et non dessus. Si cela coince un peu au montage, quelques coups de râpe résoudront le problème.

À main levée

► L'arrondi des coins à l'avant de la tablette A est tracé au compas, avec un rayon de 6 cm.

► Le contour des montants se dessine à main levée à partir des indications du plan ci-contre. En pratique, tracez d'abord l'emplacement des deux montants et de leurs entailles sur un panneau de 30 x 33 cm, puis dessinez les contours.

À noter: pour obtenir le même contour pour les deux montants, n'en dessinez qu'un. Découpez-le puis utilisez-le ensuite comme gabarit pour réaliser le second montant (photo 2).

Les outils

- scie sauteuse
- râpe
- marteau
- nécessaire de tracé

Feuille de débit (en cm)

Tous les éléments sont en pin raboté de 20 mm d'épaisseur

- **A tablette :** 1 plateau de 60 x 30 cm
- **B montants :** 2 planches de 15 x 33 cm découpées dans 1 panneau de 30 x 33 cm
- **C traverse :** 1 planche de 40 x 18 cm
- **Fournitures :** crochets, clous tête plate de 45 mm.

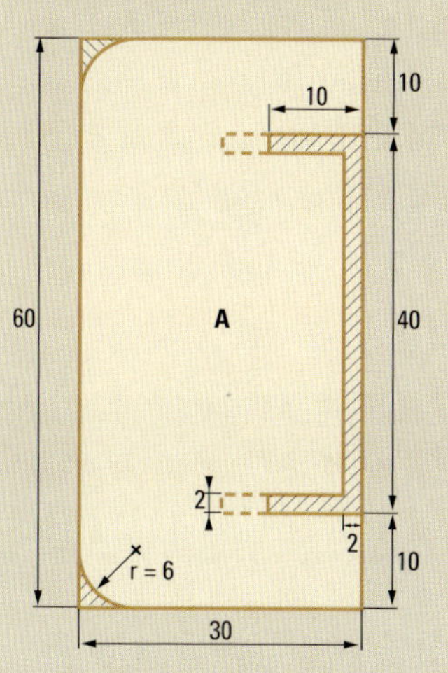

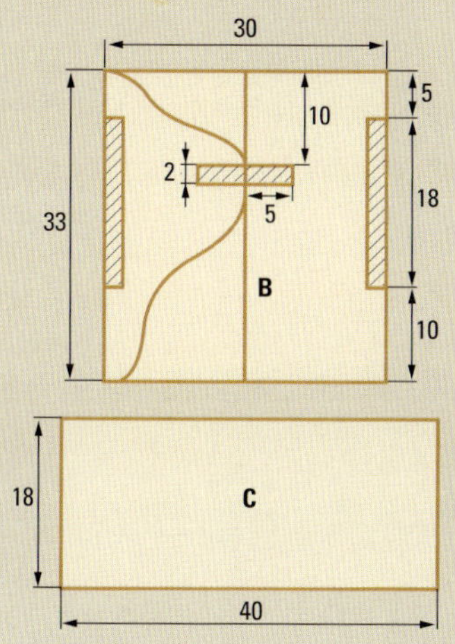

Comment réaliser une petite étagère à l'ancienne

1. Dessinez les différentes pièces en suivant les indications du plan.

2. Découpez un des montant B. Posez le ensuite sur la deuxième planche et reportez son contour.

3. Égalisez les petites différences de découpe entre les deux montants B avec une râpe. Découpez la tablette A puis les différentes entailles. Passez l'ensemble des coupes au papier de verre.

4. Assemblez sur la tablette A les montants B en les faisant coulisser sur les entailles correspondantes. Enfoncez à fond au maillet.

5. Ajustez la traverse C au dos de la tablette et des montants, dans l'encastrement prévu. Fixez l'ensemble avec une série de clous plantés dans la traverse.

6. Poncez puis dépoussiérez l'étagère. Appliquez la finition (ici, une patine à la mèche de coton). Après séchage et lustrage, ajoutez les crochets de suspension.

Un plateau pour déjeuner au lit

Un encombrement réduit qui facilite son rangement, mais une surface généreuse pour transporter et se servir le petit déjeuner au lit... ou l'apéritif au fond du jardin ! Des pieds escamotables garantissent sa stabilité, même en terrain difficile, sur la couette ou le gazon.

Les outils

- scie sauteuse ou scie à dos
- perceuse-visseuse
- marteau
- rabot
- fausse-équerre
- râpe et papier de verre fin

Des découpes précises

Un peu de difficulté conforte toujours le plaisir de la réussite. Grâce à ce plateau, vous pouvez conjuguer les deux sans trop de peine. En effet, une forme parfaitement rectangulaire aurait été plus simple à fabriquer.

▶ Dans le cas présent, les bords évasés imposent une grande précision dans les découpes (voir encadré p. 100). Les pièces doivent être ajustées au millimètre près au risque de ne pouvoir réussir l'assemblage final ou de passer beaucoup de temps à manier la râpe et le papier de verre pour rectifier le travail.

▶ Pour limiter les erreurs, taillez soigneusement votre crayon pour tracer des repères les plus exacts possible. Cela n'a l'air de rien mais un trait épais peut conduire à un décalage de plusieurs millimètres au moment de la découpe. Et vous avez tout intérêt à réaliser celle-ci à la main, avec une scie à dos. Son trait de coupe est plus fin qu'une lame de scie sauteuse et vous contrôlez mieux sa direction.

À noter: ce plateau a été réalisé en tasseaux de hêtre. Le pin raboté, plus facile à trouver dans le commerce, convient également.

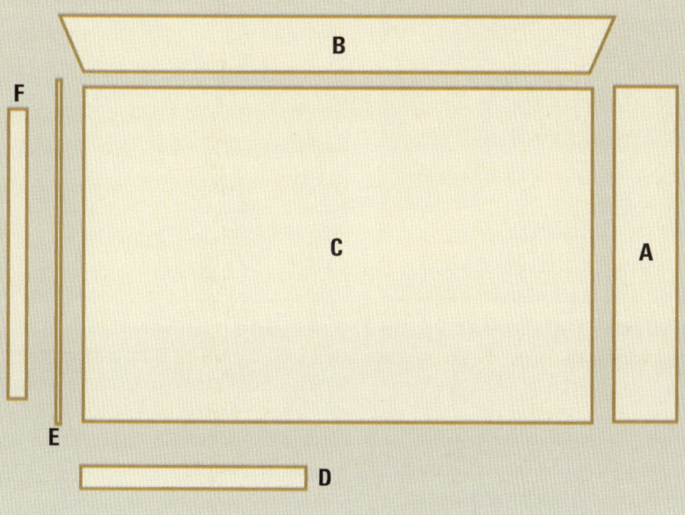

Feuille de débit (en mm)

- **A petits côtés :** 2 tasseaux en hêtre de 10 mm d'épaisseur, de 370 x 70 mm
- **B grands côtés :** 2 tasseaux en hêtre de 10 mm d'épaisseur, de 615 x 62 mm
- **C fond :** 1 panneau de contreplaqué de 10 mm d'épaisseur, de 564 x 369 mm
- **D pieds :** 4 tasseaux en pin de 20 x 25 mm de section et 250 mm de long
- **E axe :** 2 tourillons de hêtre de 5 mm de diamètre et 380 mm de long
- **F traverses :** 2 ronds en pin de 20 mm de diamètre et 320 mm de long
- **Fournitures :** 4 vis VBA 4 x 40 mm, pointes tête d'homme 30 mm, pâte à bois naturelle

Comment réaliser un plateau pour déjeuner au lit

1.Tracez les repères de coupe sur les grands côtés B en réglant l'angle de la fausse-équerre à 20°. Découpez à la scie à dos.

2. Les poignées sont percées dans les petits côtés. Elles mesurent 10 cm de largeur et 2 cm de hauteur. Elles sont centrées dans le sens de la largeur et placées à 1 cm du bord supérieur du tasseau dans le sens de la hauteur.

3. Une mèche plate de 20 mm permet de percer l'arrondi des poignées. Terminez la découpe à la scie sauteuse. Égalisez la coupe à la râpe et au papier de verre fin.

4. Les extrémités des petits côtés A, doivent être rabotées pour ne pas dépasser des côtés B après assemblage. Marquez au crayon ce qui dépasse à chaque extrémité puis passez le rabot selon un angle de 20° environ.

5. Les pieds D mesurent 25 cm de long. Un avant-trou de 3 mm de diamètre est percé à 5 cm de l'une des extrémités. Il servira à visser les traverses F. À l'autre extrémité, le second trou, destiné aux baguettes E, est repéré à 12,5 mm des bords.

6. À l'aide d'un compas, tracez un demi-cercle de 12,5 mm de diamètre ayant pour centre le trou de passage des axes E. Formez cet arrondi à la râpe, puis égalisez au papier de verre. Percez ensuite les trous, de 5 mm de diamètre.

7. Percez un avant-trou de 3 mm de diamètre au bout des traverses F, bien au centre du rond. Reliez ensuite les pieds par paire par l'intermédiaire d'une traverse F, fixée au moyen de deux vis VBA (4 x 40 mm).

8. Enfilez l'axe E au travers des trous supérieurs. Poncez-le légèrement au papier de verre si cela coince un peu. L'axe doit dépasser de 5 mm de chaque côté des pieds.

9. Avant de procéder à l'assemblage, percez les trous borgnes, de 5 mm de profondeur, du côté intérieur des tasseaux B, qui recevront l'extrémité des axes E, puis ajustez un grand côté B sur les deux petits A. Fixez le tout avec des pointes tête d'homme de 30 mm de long.

10. Posez ce premier assemblage à plat. Installez les pieds en enfilant l'extrémité de l'axe E dans le trou correspondant. Ajustez, puis clouez le second côté B.

11. Posez le fond C dans le cadre, sur les pieds et rectifiez éventuellement les arêtes au rabot pour parfaire la mise en place. Fixez-le en clouant une série de pointes au travers des grands côtés. La ligne de repérage est tracée à 30 mm du rebord inférieur.

12. Avec un chasse-clou, ou à défaut un gros clou épointé, enfoncez la tête des pointes dans le bois.

13. Masquez les traces laissées par les pointes avec un peu de pâte à bois. Laissez sécher. Poncez finement et réalisez la décoration.

Des pieds escamotables

Les quatre pieds D du plateau sont reliés par paire, de chaque côté, au moyen de baguettes rondes.
Celles de dessous, les baguettes F de 20 mm de diamètre, sont vissées sur les pieds D.
Les baguettes supérieures E ne font que 5 mm de diamètre (photo 8) et font office d'axe de rotation : elles tournent librement dans les trous percés à l'extrémité des pieds. Ces baguettes sont logées dans des trous borgnes (non traversants) percés à l'intérieur des grands côtés B du plateau.
Les dimensions du fond C sont calculées pour qu'il se « coince » presque à mi-hauteur entre les petits côtés inclinés A et laisse exactement l'espace disponible en-dessous de lui pour permettre de rabattre les pieds. Une fois encore, la précision des découpes et du repérage est primordiale.

Pour couper net et droit

▶ Bloquez le tasseau à découper sur l'établi.
▶ Placez un second tasseau (10 x 30 mm par exemple) bien au ras du tracé, du côté de la partie à conserver. Appuyez pour qu'il ne glisse pas.
▶ Posez la lame de la scie à dos contre le tasseau, très légèrement de biais.
▶ Marquez le trait de coupe en exerçant quelques mouvements de va-et-vient, en appuyant juste assez pour empêcher la lame de dévier. Lorsque celle-ci a mordu le bois sur 1 mm de profondeur environ, redressez la lame et sciez le reste de l'épaisseur. Guidée par le premier trait de coupe, la scie ne déviera pas.

Une finition au choix

Une peinture à l'essuyé, réalisée en deux couches, assure la finition de votre plateau. Vous pouvez aussi l'agrémenter de motifs au pochoir ou dessinés au pinceau fin. Alors n'hésitez pas à laisser libre cours à votre imagination !
À noter : pour faciliter l'entretien, utilisez des peintures lavables ou passez une couche de vernis incolore.

Coupe biaise

Ce croquis vous indique la position des différentes pièces (petit côté A, fond C, pied D) par rapport à un grand côté B. Le fond C est placé à 25 mm du rebord inférieur du tasseau B afin de permettre au pied D de se rabattre. Le trou borgne dans lequel se loge l'axe E est repéré à 45 mm et 12,5 mm des bords du tasseau. L'angle réglé sur la fausse-équerre (étape 1) doit être de 20°. Sinon, tracez un repère à 22,6 mm du coin inférieur du tasseau B et reliez ce point au coin supérieur par une diagonale.

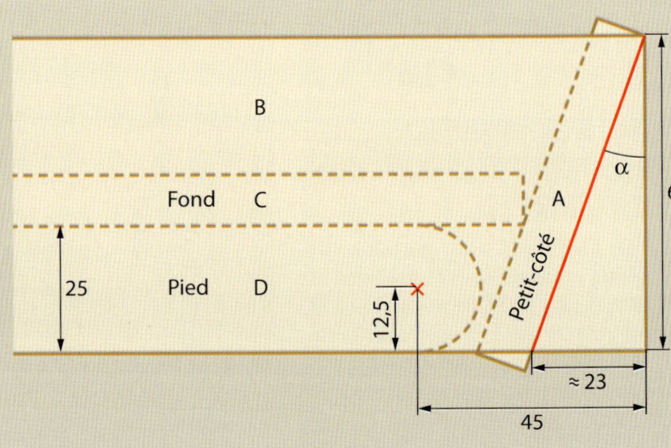

Un mobile pour les enfants

Tirez sur la cordelette et l'oiseau prendra gracieusement son envol… Cette jolie suspension se fabrique sans difficulté et l'effet est garanti. Il ne vous faudra guère plus d'un après-midi pour la réaliser, le plus long étant, comme souvent, d'attendre que la peinture sèche !

Les outils

- scie sauteuse ou scie à chantourner
- râpe à bois et papier de verre
- pinceau

Un mouvement simple

Après découpe, ponçage et mise en peinture, les pièces sont simplement reliées par un lien solide (par exemple du fil de pêche en Nylon). Les bases des ailes sont reliées entre elles, en passant par deux trous percés sur le dessus du corps. Le sens d'enfilage du lien est très important pour permettre à l'oiseau de conserver ses ailes déployées (photo 6). Celles-ci sont aussi reliées à la baguette qui assure la suspension. Là, c'est la longueur des liens qui est importante pour assurer l'équilibre de l'ensemble ainsi que le léger décalage entre l'écartement des trous de la baguette et celui qui sépare ceux des ailes. Il vous faudra peut-être tâtonner avant de trouver le réglage idéal. L'astuce consiste à ne percer la baguette qu'une fois le bon équilibre trouvé.

Feuille de débit (en mm)

- M.D.F. ou contreplaqué de 3 ou 5 mm d'épaisseur.
- Baguette ronde de 5 ou 10 mm de diamètre
- Fil de Nylon
- Peinture
- Colle repositionnable

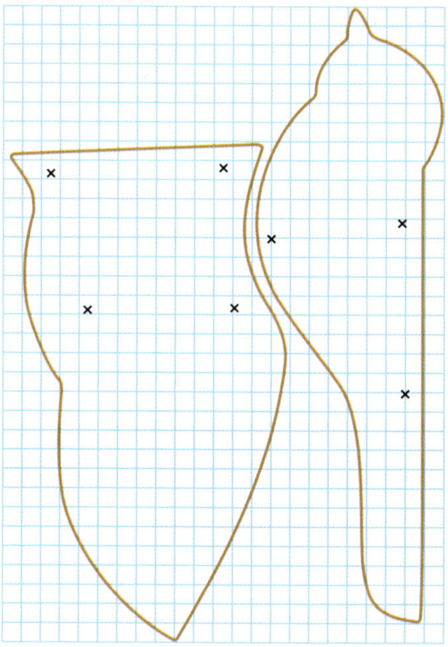

► Le corps et les ailes sont fabriqués en M.D.F. Le contreplaqué ou un matériau plus léger comme le balsa conviennent également. Pour la peinture, nous avons utilisé des aérosols mais n'importe quelle peinture pour bois fera l'affaire.

Comment reporter le patron ?

Chaque carré de la grille mesure 10 mm de côté dans la réalité. Dessinez ce quadrillage sur une grande feuille (33 x 23 cm). Reportez ensuite le contour des pièces en vous servant des carrés comme repère. Une autre solution, encore plus rapide, consiste tout simplement à photocopier le patron en appliquant un taux d'agrandissement jusqu'à obtenir un pas de grille (les carrés) d'environ 10 mm de côté. Les cotes exactes ne seront peut être pas tout à fait respectées mais cela n'a aucune importance. Vous pouvez même répéter l'opération pour obtenir un oiseau plus grand, ou la limiter pour fabriquer un modèle plus petit.

Walt Disney
Peter Pan

Comment réaliser un mobile pour les enfants

1. Après avoir agrandi le patron et découpé le contour des pièces, fixez ces gabarits sur le panneau avec une colle pour papier en bâtonnet ou une colle repositionnable. Reportez les contours au crayon et marquez l'emplacement des trous.

2. Découpez les pièces à la scie sauteuse équipée d'une lame à denture fine. L'idéal est de l'utiliser en position fixe, au moyen d'un support de sciage. Une scie à chantourner donne aussi d'excellents résultats.

3. Chanfreinez le bord des pièces à la râpe pour obtenir un arrondi régulier. Égalisez au papier de verre.

4. La baguette de suspension se perce à la vrille ou, à défaut, à la visseuse sans fil équipée d'un foret à bois de 3 mm de diamètre.

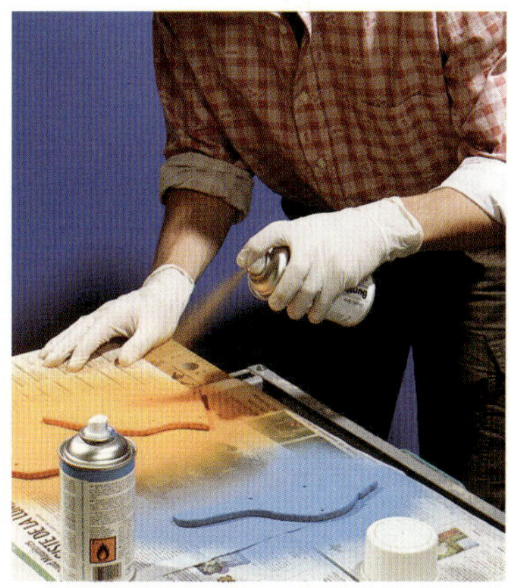

5. L'aérosol de peinture dépose une couche fine et régulière. Protégez le plan de travail et travaillez dans un local bien aéré. Vous pouvez aussi appliquer la peinture au pinceau ou au mini-rouleau.

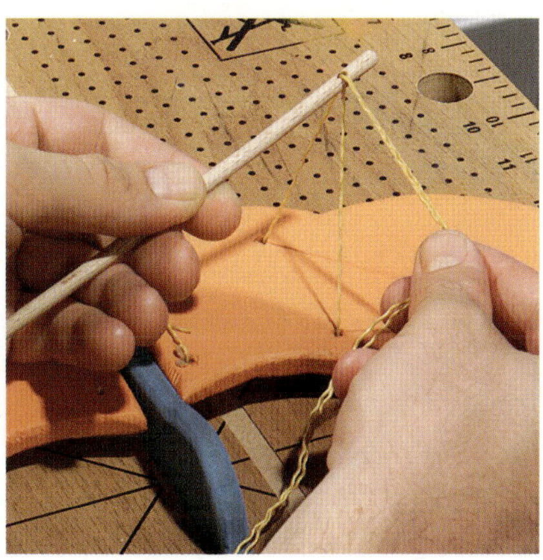

6. Après séchage complet de la peinture, assemblez d'abord les ailes entre elles en faisant passer le fil par-dessous. Serrez bien. Reliez ensuite les ailes à la baguette de suspension. Réglez les longueurs de façon que l'oiseau soit bien équilibré.

Créations pour **le jardin**

Une table accueillante

Entièrement fabriquée en pin traité par autoclave, cette table complétée de ses deux bancs affrontera sans dommage de longues années d'utilisation. L'ensemble, très stable, ne risque pas de basculer, même si le vent se met à jouer avec le parasol qu'un trou percé au centre du plateau permet d'installer.

Le traitement de protection

Le traitement par autoclave consiste à faire subir au bois une alternance de vide partiel et de surpression à l'intérieur d'une sorte de cocotte-minute remplie d'insecticide et de fongicide. Le produit pénètre donc plus loin à l'intérieur des fibres, ce qui assure une protection garantie au moins 10 ans, même avec du pin, un bois pourtant peu renommé pour sa résistance au vieillissement. Il y a différents types de traitement par autoclave. Le meilleur est qualifié de classe (ou grade) IV. C'est ce type de bois traité qu'il vous faut acheter. Le traitement de classe III n'est pas suffisant. Notez aussi que la notion de « traitement à cœur » est souvent évoquée. C'est un abus de langage car, même en grade IV, les produits ne pénètrent que de quelques millimètres seulement. Si cela suffit pour garantir une protection longue durée, il faut en revanche prendre bien soin de traiter toutes les coupes avec un produit multi-usages (insecticide et fongicide) appliqué au pinceau, en deux couches généreuses. Attention, ces produits sont toxiques. Entourez-vous de toutes les précautions nécessaires lors de la découpe des bois traités, de leur ponçage et de leur traitement complémentaire.

À noter: les bois traités par autoclave présentent une couleur verdâtre caractéristique. Vous la dissimulerez avec une lasure teintée comme finition.

Les outils

- scie circulaire
- perceuse-visseuse
- marteau
- ponceuse
- fausse-équerre
- équerre
- serre-joints

La réalisation

La fabrication commence à l'envers, par le plateau avant le piètement. C'est en effet le plateau et ses traverses qui servent de guide pour mettre en place les pieds.

► Les écharpes H et toutes les traverses (E, F, G) sont vissées (vis trompette 4 x 50 mm ou 4 x 60 mm), sauf la C. Celle-ci, comme pour les autres liaisons, est assemblée au moyen de boulons à collet carré (5 x 70 mm),

Une seule largeur à acheter

Vous remarquerez que les largeurs de tous les éléments indiqués dans la feuille de débit sont des multiples (35, 70, 140 mm). Cela tient au fait que la planche en pin autoclavé de 140 x 35 mm de section est une référence très répandue dans les jardineries ou les grandes surfaces de bricolage. Cette seule référence est suffisante pour débiter toutes les pièces nécessaires.

complétés de rondelles et d'écrous borgnes. Pour un assemblage parfait, il convient donc de percer un logement de 10 mm de profondeur pour la rondelle (diamètre 30 mm) avant de percer le trou de passage pour le boulon (photos 3, 4, 5). De ce fait, la longueur du boulon étant égale à l'épaisseur des pièces à assembler, l'écrou ne dépasse pas. Cette opération est toutefois un peu fastidieuse. Vous gagnerez du temps en utilisant des boulons plus longs (80 mm au lieu de 70) et des écrous classiques. La différence est peu visible, surtout si vous prenez la précaution de placer la tête des boulons du côté extérieur.

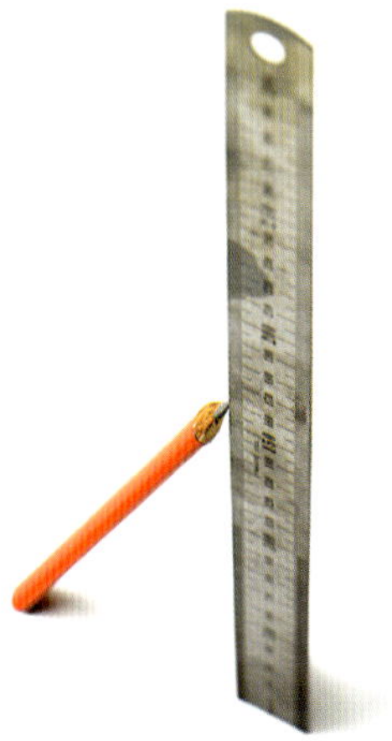

Feuille de débit (en mm)

Tous les éléments sont en planches de pin autoclavé (grade IV) de 35 mm d'épaisseur (hauteur: 850 mm, longueur : 1 500 mm, largeur: 1 580 mm [au sol 1 270 mm])

- **A lames de plateau :** 5 planches de 1 500 x 140 mm
- **B lames de banc :** 4 planches de 1 500 x 140 mm
- **C grandes traverses de piétement :** 2 planches de 1 560 x 140 mm
- **D pieds :** 4 planches de 920 x 140 mm (long. finie: 870 mm)
- **E traverses de plateau :** 4 planches de 660 x 70 mm
- **F petites traverses de piétement :** 2 tasseaux de 660 x 35 mm
- **G traverses de banc :** 6 planches de 290 x 70 mm
- **H écharpes :** 2 planches de 700 x 70 mm
- **Fournitures :** cales de placement de 10 mm d'épaisseur, vis trompette 4 x 50 mm et 4 x 60 mm, boulons 5 x 70 mm, rondelles 5 x 30 mm, écrous borgnes

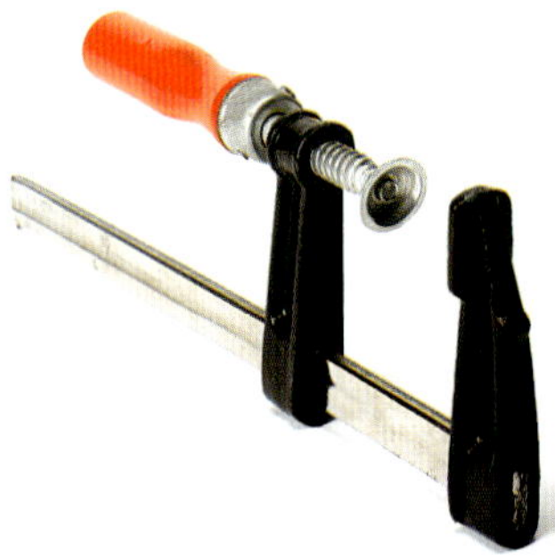

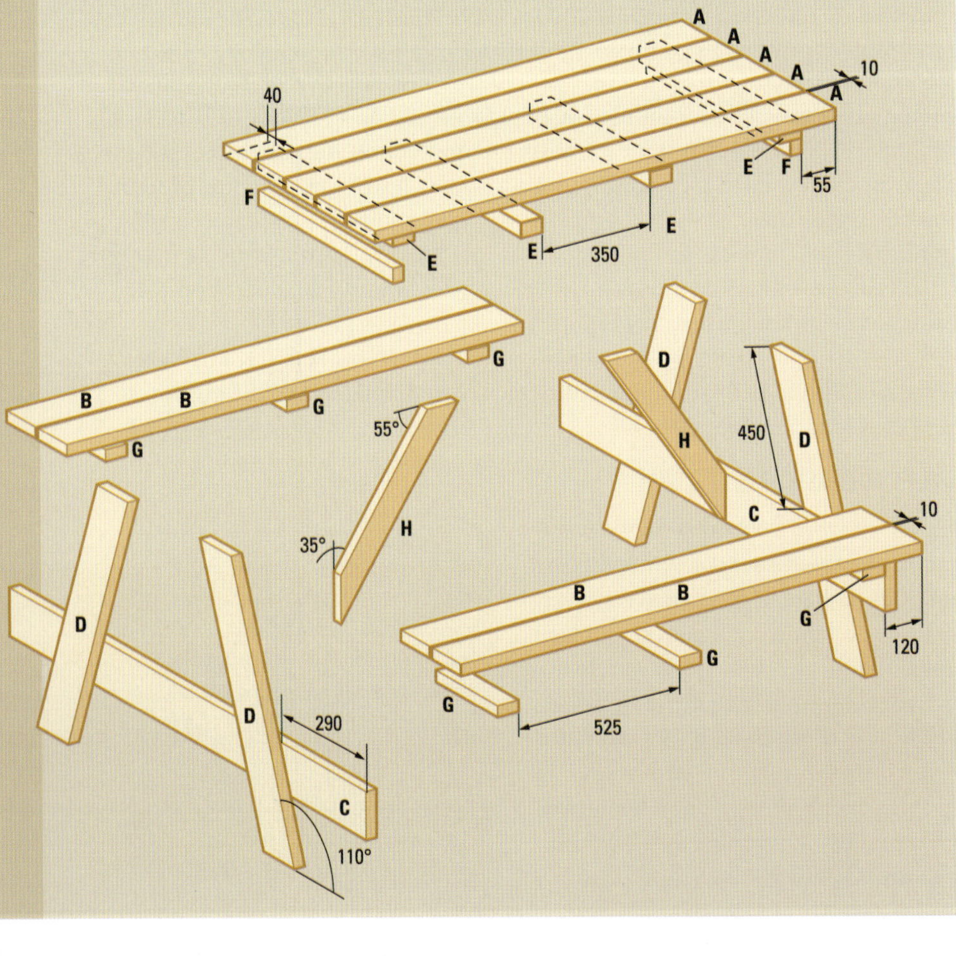

1 Comment réaliser une table accueillante

1. Après mise à la longueur (1500 mm), disposez les planches A à l'envers sur l'établi. Des cales de 10 mm d'épaisseur assurent l'espacement. Placez et vissez les traverses E selon les indications du plan. Une équerre permet de les ajuster à angle droit.

2. L'extrémité des pieds D est recoupée selon un angle de 110° réglé à la fausse-équerre. Sur chaque pied, repérez l'emplacement de la traverse C à 450 mm de l'une de ces extrémités. Tracez une ligne formant le même angle de 110° par rapport au bord de la planche.

3. Placez la traverse C sur un pied D, le long de la ligne de repère. Faites-la dépasser de 290 mm. Posez des serre-joints. Repérez deux trous en diagonale sur le recouvrement des deux pièces. Percez d'abord un trou de 10 mm de profondeur et de 30 mm de diamètre pour longer la rondelle, puis un second de 5 mm au centre du premier pour enfiler le boulon. Retournez l'ensemble. Enfoncez les boulons par le côté extérieur.

4. Retournez une nouvelle fois l'ensemble. Placez la rondelle et ensuite l'écrou borgne. De la même façon, assemblez le second pied de l'autre côté de la traverse C.

5. Serrez à fond lorsque le piétement composé de deux pieds B et d'une traverse C est entièrement assemblé. Appliquez la même méthode pour le second piétement.

2 Comment réaliser une table accueillante

6. Dressez un piétement contre la dernière traverse E de la table, côté extérieur. Bloquez par des serre-joints. Ajustez, puis vissez la traverse supplémentaire F.

7. La liaison entre chaque pied et le dessous de table est assurée par deux boulons posés dans la traverse E et un troisième, planté dans la traverse F.

8. Avec une grande équerre bloquée par des serre-joints, ajustez bien les pieds à angle droit par rapport à la table. Découpez l'écharpe H. Fixez-la avec des vis de 60 mm posées en diagonale.

9. Posez la table sur ses pieds. Ajoutez les lames de banc B, assemblées par les traverses G et vissées sur les traverses C. Repérez le centre de la table en traçant deux grandes diagonales et percez le trou de passage de 40 mm de diamètre pour le pied de parasol.

10. Poncez légèrement votre réalisation. Dépoussiérez avec soin avant d'appliquer la lasure de finition.

Un nichoir pour les oiseaux

Voilà une réalisation que vous pouvez facilement confier à vos enfants, à condition bien sûr d'effectuer vous-même les découpes. Ce nichoir pourra être suspendu à la branche d'un arbre, logé dans une haie, fixé contre un mur ou au sommet d'un poteau. Et si ce logement leur convient, les oiseaux du jardin ne tarderont pas à venir s'y installer.

Les outils

- scie sauteuse ou scie égoïne
- rabot ou râpe
- marteau
- perceuse-visseuse

Du bois massif

Le châtaignier de 10 mm d'épaisseur mis en œuvre ici est relativement difficile à trouver dans le commerce. C'est un bois qui offre l'avantage de se passer de traitement puisqu'il résiste naturellement aux insectes. Il vous sera peut-être plus facile de trouver du chêne, tout aussi résistant. Sinon, rabattez-vous sur le pin. Mais dans ce cas, un traitement suivi de l'application d'une couche de lasure est nécessaire. L'inconvénient est que ces précautions risquent de déplaire à vos locataires. Alors à vous de choisir : traiter ou pas. Si vous choisissez la seconde option, vous en serez quitte pour refaire le nichoir tous les deux ans. Pour les mêmes raisons, évitez d'utiliser des panneaux dérivés comme le contreplaqué ou l'aggloméré.

Feuille de débit (en mm)

Tous les éléments sont en châtaignier de 10 mm d'épaisseur

- **A façades :** 2 planches de 180 x 130 mm
- **B côtés :** 2 planches de 130 x 120 mm
- **C toit :** 2 planches de 150 x 105 mm
- **D dessous :** 1 planche de 150 x 110 mm
- **E perchoir :** 1 tourillon de 10 mm de diamètre et 40 mm de long
- **Fournitures :** pointes sans tête de 20 mm, colle blanche (facultatif), crochet de suspension.

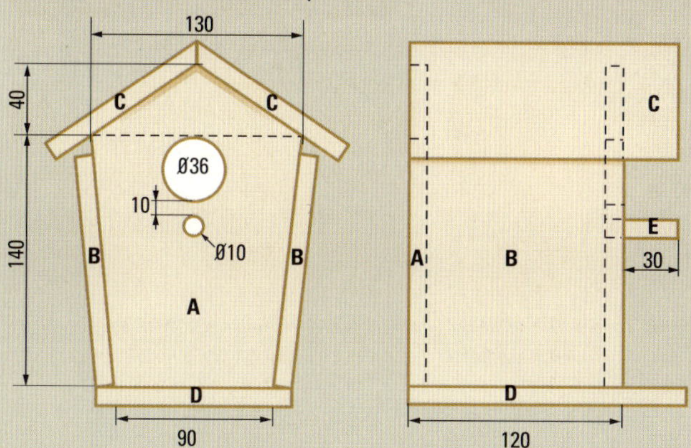

Un gabarit à respecter

Les deux façades servent de gabarit pour les autres pièces. Il convient donc d'en tracer les contours avec précision. Celle de devant reçoit un petit perchoir, un simple tourillon de 10 mm de diamètre, et elle est percée d'un trou d'entrée. Le diamètre du trou détermine l'espèce d'oiseau que vous parviendrez à séduire.

► Un diamètre de 27 à 28 mm convient à la mésange bleue. Entre 32 et 34 mm, c'est au tour de la mésange charbonnière et de la sittelle torchepot d'être intéressées. À 40 mm, vous aurez la visite du moineau, puis de l'étourneau entre 46 et 55 mm. Placez toujours le nichoir en hauteur, à 1,50 m du sol au moins, orienté est, sud-est.

Comment réaliser un nichoir pour les oiseaux

1. Débitez toutes les pièces à la scie sauteuse ou à la scie égoïne. Ôtez les échardes, mais il est inutile de poncer.

2. L'arête supérieure des pans de toit doit être chanfreinée. Servez-vous d'une façade pour repérer cet angle, puis éliminez le bois inutile à la râpe ou au rabot.

3. Sur la façade avant, percez le trou d'entrée au moyen d'une mèche plate et celui pour le perchoir avec un foret à bois de 10 mm de diamètre.

4. Assemblez les côtés sur les façades, puis ajoutez le fond et les pans de toit. Un filet de colle blanche renforce la fixation mais il n'est pas indispensable.

5. Fixez les différentes pièces sur les façades au moyen de fines pointes sans tête. Pensez à les moucher d'un coup de marteau (voir encadré p. 132) avant de les planter de façon à ne pas faire éclater le bois.

6. Pour peaufiner l'aspect, le dessous D peut être arrondi. Terminez la construction en posant le perchoir dans le trou correspondant.

Un châssis pour les semis

Avancez la date de vos semis grâce à ce châssis qui les protégera efficacement des derniers frimas printaniers. La recette est simple : il suffit de placer le châssis et de l'orienter vers le sud, contre un mur par exemple. Le jour, gardez-le grand ouvert ou juste entrebâillé. La nuit, fermez-le. Si vous n'avez pas de jardin, ne vous désolez pas. Vous pouvez très bien installer ce châssis sur le balcon ou la terrasse !

Les outils

- scie circulaire
- perceuse-visseuse
- marteau
- guide de tourillonnage
- rabot
- pinceau

Une construction solide

Le châssis se compose de trois parties : un socle, un coffre incliné et un ouvrant.

▸ En contact avec la terre, le socle, fabriqué avec des chevrons de forte section, est protégé par un enduit bitumineux qui sert habituellement pour les fondations.

▸ Le coffre est réalisé en planches de pin rabotées de 25 mm d'épaisseur. Elles sont assemblées côte à côte avec des tourillons pour former des panneaux (photos 1 et 2), vissés face contre chant (photo 6). Une variante consiste à utiliser du latté en remplacement des planches (voir encadré ci-dessous). Pour éviter les problèmes de pourrissement, il convient de traiter soigneusement ce coffre avec un produit insecticide et fongicide, appliqué en deux ou trois couches. Pour empêcher la diffusion du produit dans la terre des semis, appliquez deux nouvelles couches de lasure ou de vernis.

▸ L'ouvrant est un simple cadre de tasseaux tourillonnés. La vitre est en fait une plaque de polycarbonate translucide de 3 mm d'épaisseur. Par rapport au verre, cette plaque offre l'avantage d'être plus légère et incassable. En revanche, elle jaunit après quelques saisons. Mais comme elle est simplement vissée, vous n'aurez aucun problème pour la remplacer.

L'aération

L'ouvrant s'articule sur le coffre grâce à deux charnières à volet. Il est maintenu entrebâillé avec deux cales découpées dans un tasseau (photo 13). Celles-ci présentent une encoche en partie basse qui prend appui sur des tourillons plantés dans le côté du coffre (photo 7). En posant plusieurs tourillons, vous réglerez l'importance de l'ouverture.

Simplifier la réalisation

Gagnez du temps en remplaçant les planches du coffre par des panneaux en latté de même épaisseur (25 mm).
Faites découper par votre revendeur un panneau de 1000 x 380 mm pour le dos, un autre de 1000 x 190 mm pour le devant et deux de 500 x 380 mm pour les côtés. L'assemblage (photo 6) est le même.

Feuille de débit (en mm)

► Pour le coffre

- **A** panneau arrière : 4 planches de 95 x 25 mm de section, 1 000 mm de long
- **B** côtés : 7 planches de 95 x 25 mm de section, 1 000 mm de long (la 7e est recoupée en deux)
- **C** panneau avant : 2 planches de 95 x 25 mm de section, 1 000 mm de long
- **D** renfort arrière : 2 planches de 45 x 25 mm de section, 370 mm de long
- **E** renfort avant : 2 planches de 45 x 25 mm de section, 200 mm de long

► Pour le socle

- **F** grands côtés : 2 chevrons de 75 x 75 mm de section, 1 000 mm de long
- **G** petits côtés : 2 chevrons de 75 x 75 mm de section, 400 mm de long
- **H** grandes cales : 2 tasseaux de 50 x 29 mm de section, 850 mm de long
- **I** petites cales : 2 tasseaux de 50 x 29 mm de section, 400 mm de long

► Pour l'ouvrant

- **J** traverses : 2 tasseaux de 45 x 22 mm de section, 1 000 mm de long
- **K** côtés : 2 tasseaux de 45 x 22 mm de section, 490 mm de long
- **L** entrebâilleurs : 2 tasseaux de 30 x 22 mm de section, 245 mm de long
- Panneau en polycarbonate de 3 mm d'épaisseur, de 580 x 1 000 mm

► Fournitures : vis tête trompette 3 x 20 mm, 4 x 50 mm, 6 x 100 mm, rondelles cuvettes, rondelles plates, tourillons de 8 mm de diamètre, 2 charnières à volet

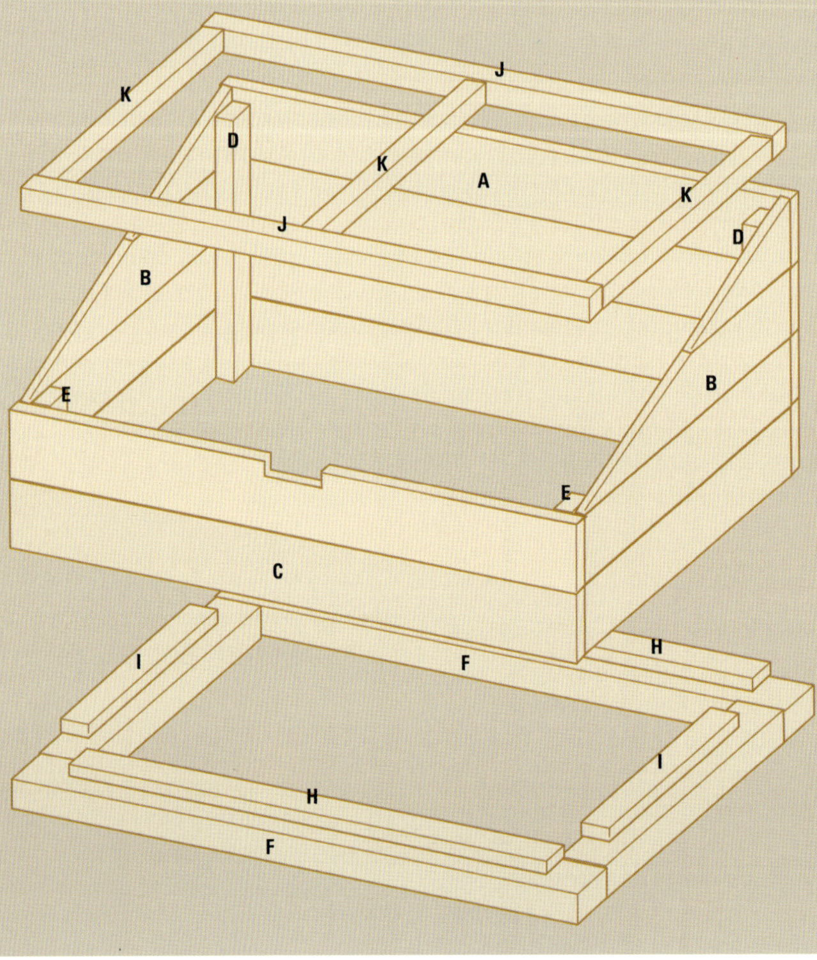

1 Comment réaliser un châssis pour les semis

1. À la scie circulaire, recoupez les planches du coffre (A, B, C) à la bonne longueur. À l'aide du guide de tourillonnage, percez quatre trous de 8 mm de diamètre sur chaque chant.

2. Les tourillons sont encollés et enfoncés dans les trous sur la moitié de leur longueur. D'une planche à l'autre, les trous doivent parfaitement correspondre.

3. Encollez les chants et assemblez les planches A puis B et C pour former les panneaux avant, arrière et latéraux. Mettez sous presse pendant le séchage de la colle.

4. Pour repérer l'inclinaison du coffre, placez un des côtés B devant vous. Marquez un repère à 190 mm le long du côté gauche et un autre à 370 mm le long du côté droit. Reliez ces deux points par une diagonale puis découpez le long de celle-ci à la scie sauteuse.

5. Ajoutez les renforts D et E. Ils sont alignés sur les coins inférieurs des panneaux puis vissés. Leur extrémité supérieure est rabotée de façon à suivre la diagonale du panneau.

6. Assemblez le coffre en vissant les panneaux avant et arrière sur les côtés et les renforts. Comme ces derniers, le sommet du panneau arrière est passé au rabot pour suivre la pente du coffre.

2 Comment réaliser un châssis pour les semis

7. Les tourillons d'appui pour les entrebâilleurs sont plantés sur une ligne tracée à 180 mm de la base du coffre, espacés de 100 mm, à partir du centre de chaque côté.

8. Assemblez les grands côtés du socle F sur les petits côtés G au moyen de vis longues de 100 mm. Facilitez le vissage en perçant des avant-trous. Encollez les surfaces en contact.

9. Encollez puis vissez sur le cadre de socle les cales H et I en les alignant sur l'arête intérieure des chevrons. Vérifiez que le coffre s'adapte sans difficulté sur ce socle.

10. Le socle est protégé de l'humidité avec un enduit bitumineux pour fondation appliqué en deux couches. Travaillez dans un local largement aéré. Attendez 24 heures pour la deuxième couche.

11. Disposez les traverses J et K qui composent l'ouvrant, la troisième traverse K se plaçant au centre du cadre. Bloquez avec des serre-joints et percez un trou de 8 mm de diamètre et de 15 mm de profondeur à chaque liaison.

12. Encollez les surfaces en contact. Posez une vis dans chaque trou d'assemblage. Rebouchez ceux-ci avec un tronçon de tourillon enfoncé au maillet puis arasé à la scie à dos.

13. Posez les entrebâilleurs. Leur partie supérieure est arrondie à la râpe. Leur partie inférieure comporte une entaille de 8 mm de large et 30 mm de long. Ils sont fixés au milieu des traverses K, côté intérieur. Intercalez des rondelles plates pour permettre leur rotation.

14. Traitez le coffre et son ouvrant en appliquant sur toutes les faces au minimum deux couches de produit insecticide et fongicide. Laissez sécher puis appliquez deux couches de lasure.

15. Ajustez la vitre sur l'ouvrant. Percez les trous de passage des vis avec un foret à bois de 4 mm de diamètre. Fixez avec des vis de 3 x 20 mm logées dans des rondelles cuvette.

16. Posez les charnières à volet sur l'ouvrant, dans le prolongement des traverses K. Ajustez, puis vissez ces charnières au dos du coffre.

Une douche... surprenante

Rincez-vous après un bain dans la piscine ou, plus simplement, profitez d'un peu de fraîcheur au cœur de l'été grâce à cette douche de jardin. Elle est raccordée au tuyau d'arrosage. Alors, si vous prenez la précaution de laisser ce tuyau déroulé sur la pelouse et exposé au soleil, vous pourrez profiter d'une douche bien chaude. Mais attention, la quantité d'eau réchauffée est limitée, seul le premier sera servi. Réservez votre tour !

Les outils

- scie sauteuse
- perceuse-visseuse
- scie cloche
- ponceuse
- serre-joints

En quatre parties

Cette douche est entièrement fabriquée en planches de pin traité de grade IV de 90 x 20 mm de section. Elle se compose d'un dos, de 2200 mm de hauteur, et de deux côtés qui complètent l'ensemble et assurent sa stabilité verticale. Il est même prévu deux petites étagères pour déposer le nécessaire de douche. Enfin, pour ne pas garder les pieds dans la boue, un caillebotis prend place dans le cadre formé par le dos et les côtés. Il n'est pas fixé au reste mais simplement déposé sur le sol.

► Le robinet utilisé est un simple modèle de jardin en laiton. Il se visse sur une naissance, elle-même fixée dans l'épaisseur du panneau de bois. Le tuyau de cuivre mesure environ 1 m de longueur. Son diamètre est laissé à votre libre choix. C'est l'occasion d'utiliser un rebut stocké dans l'atelier. Sinon, un tuyau de 12 mm de diamètre convient parfaitement. Pour la liaison avec le tuyau d'arrosage, servez-vous d'un raccord de jonction 15/21 à visser, à olive ou à joint américain (photo 8).

À noter : ici, le robinet est placé à 1,80 m du sol, mais si vous avez des grands dans la famille, n'hésitez pas à le remonter. Vous pouvez également le fixer plus bas et lui adjoindre une pomme de douche et son flexible.

Les assemblages

Les planches du dos, des côtés et du caillebotis sont vissées sur des traverses horizontales. Pour le caillebotis, un petit espace est prévu entre les planches pour permettre l'écoulement de l'eau alors que, pour les deux autres ensembles, les planches sont jointives.

Un coin détente

Pour aménager un hâvre de paix bien à vous, il vous suffit de transformer cette douche en enlevant la plomberie... pour y installer un siège !

Le plus facile est de visser deux tasseaux de 30 cm de longueur dans les côtés, sous les étagères, à 45 cm au-dessus du sol, qui serviront de support à trois planches posées en largeur et séparées par un intervalle de 15 mm. Vous obtenez alors un petit banc confortable et les étagères se transforment en accoudoirs.

Ajoutez quelques coussins, plantez le parasol ou installez-vous à l'ombre. De longues heures de lecture, de sieste et de tranquillité en perspective...

► La liaison entre le dos et les côtés est assurée par une entretoise, vissée à angle droit (photo 15). Cette entretoise est ensuite boulonnée sur le dos. La douche reste ainsi démontable. En fin de saison, il suffira d'enlever les boulons.

► Pour éviter les problèmes de pourrissement, prenez l'habitude d'enlever le caillebotis après usage. Vous préserverez longtemps votre douche en appliquant, chaque année, une couche de lasure.

Feuille de débit (en mm)

Toutes les pièces sont en planches de pin traité grade IV de 90 x 20 mm de section

- **A dos :** 11 planches de 2 200 mm de long
- **B traverses de dos :** 2 planches de 990 mm de long
- **C côtés :** 14 planches de 1 000 mm de long
- **D traverses de côté :** 2 planches de 630 mm de long
- **E étagères :** 2 planches de 630 mm de long
- **F entretoises :** 2 planches de 950 mm de long
- **G caillebotis :** 10 planches de 1 000 mm de long
- **H traverses de caillebotis :** 3 planches de 950 mm de long
- **Fournitures :** boulons 5 x 45 mm, vis 3 x 30 mm, robinet de jardin, tuyau de cuivre, raccords de jonction, 2 colliers de fixation

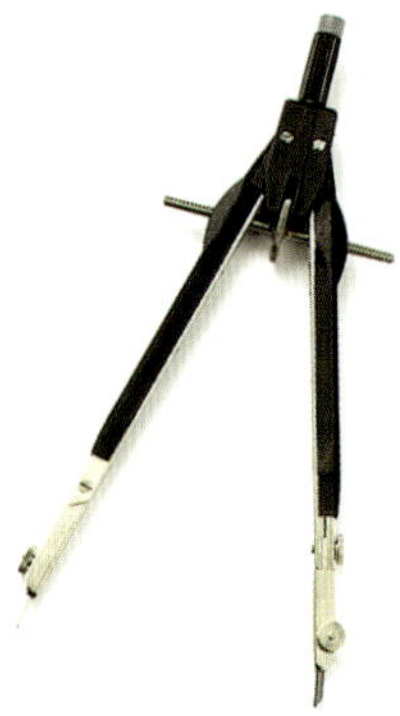

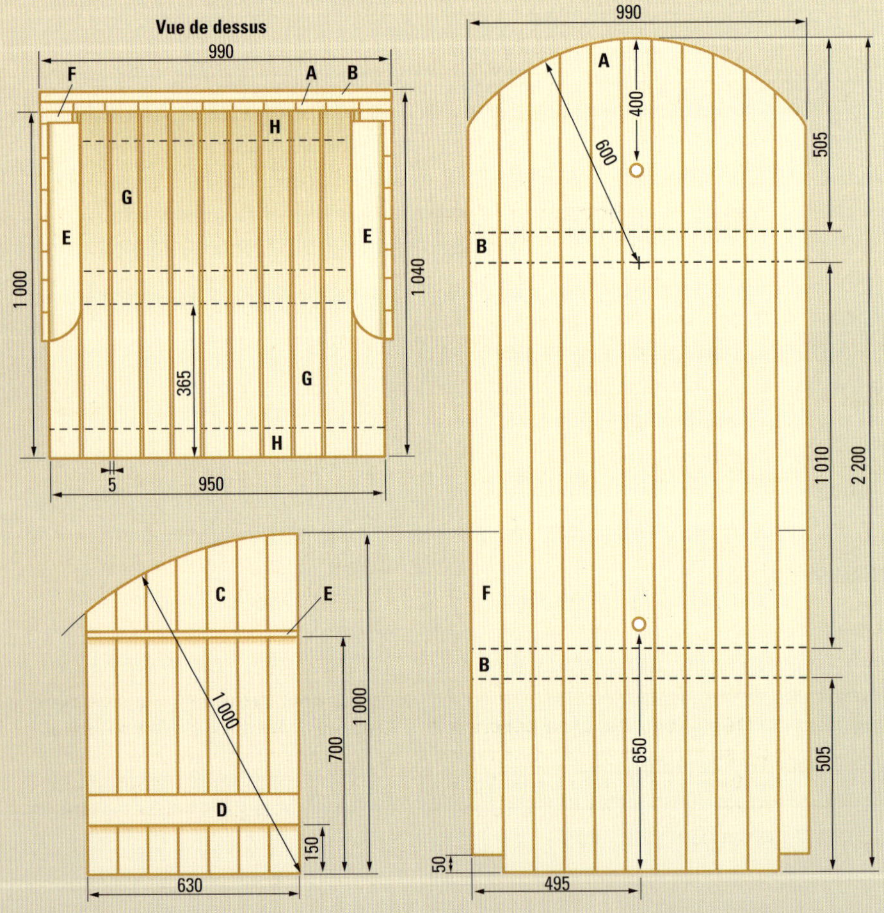

1 Comment réaliser une douche... surprenante

1. Sciez les traverses B à 990 mm. Repérez l'emplacement des planches A par un trait perpendiculaire, tous les 90 mm.

2. Percez deux avant-trous de 3 mm de diamètre, disposés en diagonale entre chaque trait précédemment repéré.

3. Calez les planches A contre des appuis pour bien les aligner. Disposez les traverses B à 505 mm de chaque extrémité. Vérifiez l'équerrage, puis fixez les traverses B sur les planches A au travers des trous précédemment percés.

4. Plantez un clou au milieu de la planche centrale et à 600 mm de son extrémité supérieure. Attachez une ficelle de même longueur. Utilisez-la pour guider un crayon et dessiner un arc de 600 mm de rayon.

5. Découpez l'arc de cercle à la scie sauteuse équipée d'une lame à denture fine. Progressez lentement. Poncez soigneusement la coupe au papier de verre.

6. Repérez l'emplacement du robinet, au milieu de la planche centrale, à 400 mm de son arête supérieure. Vissez la naissance du robinet sur cet emplacement, puis ajoutez le robinet lui-même.

2 Comment réaliser une douche... surprenante

7. Prolongez le robinet par un tube de cuivre de 1 m de long environ, assemblé au moyen d'un raccord rapide à joint américain. Maintenez-le sur la planche centrale avec deux colliers de fixations.

8. L'autre extrémité du tube en cuivre est équipée d'un raccord jonction qui permettra de brancher le tuyau d'arrosage.

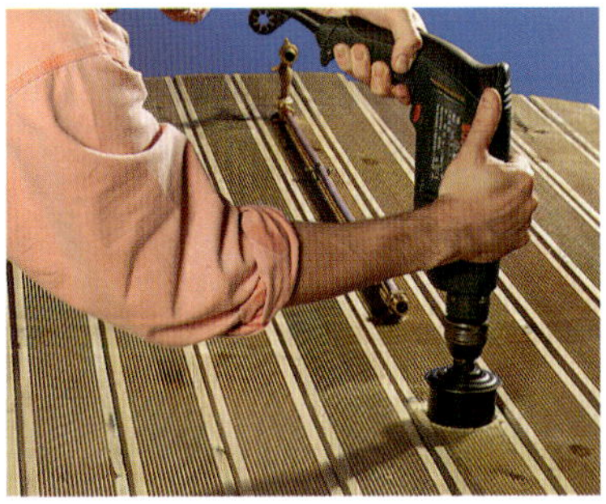

9. Le tuyau d'arrosage sera enfilé dans un trou de 35 mm de diamètre, percé au milieu de la planche centrale, à 650 mm de son extrémité inférieure.

10. Procédez comme en 1, 2 et 3 pour assembler les planches G du caillebotis sur leurs traverses H. L'écart entre les traverses est de 365 mm. Les planches G doivent être séparées par un intervalle de 5 mm environ pour laisser passer l'eau.

11. Préparez une tablette E, après l'avoir coupée à 630 mm, en dessinant un arrondi de même rayon que sa largeur, soit 90 mm. Découpez à la scie sauteuse. Idem pour la 2e tablette.

12. Pour assembler les côtés, ce sont les planches C qui reçoivent les tracés de la traverse D, à 150 mm de leur extrémité inférieure, et de l'étagère E, à 700 mm. Ces tracés sont réalisés sur le côté extérieur. Disposez ensuite une traverse D sur l'établi puis les planches C par-dessus, à la perpendiculaire.

13. Vissez la traverse D au travers des trous percés dans les planches C, puis vissez l'étagère E. Pour celle-ci, vous remarquerez que les avant-trous sont alignés et non décalés en diagonale.

14. Pour tracer l'arc de cercle supérieur de chaque côté, procédez comme en 4. Cette fois, la ficelle est fixée à un angle inférieur et mesure 1 000 mm de long. Découpez à la scie sauteuse.

15. Posez le côté sur l'établi, étagère sur le dessus. Placez l'entretoise F contre le côté en faisant coïncider les extrémités supérieures. Vissez dans le chant du côté et de l'étagère.

16. Fixez provisoirement les côtés sur le dos au moyen de deux serre-joints. Mettez en place le caillebotis. Si nécessaire, ajustez la position des côtés de façon à ce que le caillebotis s'insère sans problème.

17. Percez trois trous de 5 mm de diamètre, également répartis sur la hauteur de l'entretoise F. Engagez des boulons. Bloquez l'écrou de l'autre côté après avoir intercalé une rondelle.

18. Protégez la douche en appliquant deux couches d'un produit insecticide et fongicide, puis terminez avec une lasure de finition.

Encaustique

Les gestes
et les techniques

Les gestes à connaître

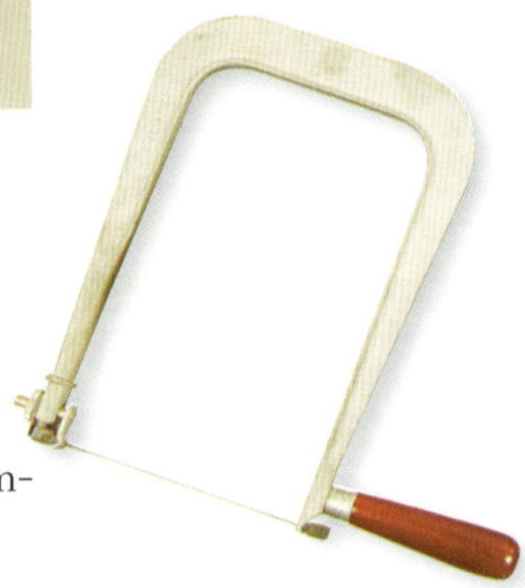

Le sciage

Avant de commencer à scier, l'établi doit être parfaitement dégagé, notamment si vous travaillez sur de grands panneaux.

Les principes du sciage

Les scies à main sont économiques à l'achat et suffisantes pour des interventions ponctuelles. Mais si vous travaillez le bois régulièrement, la scie sauteuse et la scie circulaire sont indispensables.

Pour bien scier, il faut que l'un des deux éléments, la scie ou la pièce de bois, soit fixé. Le plus souvent, c'est la pièce de bois qui est bloquée sur l'établi au moyen de pinces ou de serre-joints, sauf si vous utilisez un établi multifonctions ou une table de sciage. Dans ce cas, c'est l'outil qui est fixé à la table. Ne tenez jamais la pièce d'une main pendant que vous sciez de l'autre. En procédant ainsi, vous avez tous les risques de scier de travers… ou de vous couper.

Dans quel sens placer le bois ?

Pour bien scier, il faut d'abord orienter le bois. La face visible de la pièce (le parement) doit être placée sur le dessus. Le trait de scie pouvant provoquer des éclats sur le dessous, ceux-ci seront plus faciles à dissimuler lors de la finition. En revanche, avec une scie électroportative (circulaire ou sauteuse), placez le parement contre l'établi car la découpe est inversée : la lame coupe de bas en haut et les éclats se trouvent sur le dessus. Lorsque vous utilisez une scie circulaire, vous devez régler la profondeur de la lame avant de commencer à scier. Avec une scie circulaire, la lame en rotation coupe le bois de bas en haut. Les éclats apparaissent sur la face supérieure du panneau.

Scier en ligne droite

Avec une scie à main. Afin de suivre fidèlement le tracé de coupe, placez un guide, un tasseau bien droit par exemple, au ras de la ligne. La lame se trouvant guidée, elle déviera moins.

▸ Débutez la coupe en plaçant la scie égoïne sur le trait de coupe, à l'angle du panneau opposé à vous. Placez l'index dans le prolongement de la lame (séquence p. 130).

▸ Amorcez la coupe lentement, en tenant la scie presque parallèle par

La plupart des scies égoïnes sont dites universelles : leur denture permet le sciage dans les deux sens.

rapport au panneau jusqu'à ce que vous en ayez traversé l'épaisseur. Le sciage s'effectue en poussant, le retrait servant à dégager la sciure.

► Ensuite, redressez la lame à 45° environ et poursuivez la coupe le long du tracé, toujours en poussant sur la lame pour scier. Faites en sorte d'utiliser toute la longueur de la scie.

Une règle indispensable

Pour scier de grandes longueurs et éviter à la lame de dévier, guidez-vous sur une règle placée au ras du tracé. Pour scier droit avec une scie électroportative, appuyez la machine le long d'une règle-guide.

Si vous sciez un panneau mince (moins de 5 mm), utilisez une denture fine et ne redressez pas la lame. Plus le panneau est mince, plus la scie doit se situer près de l'horizontale.

► En fin de coupe, ralentissez la cadence et maintenez la chute pendant que vous terminez le sciage. En procédant ainsi, vous éviterez de faire des éclats à l'arrivée.

Avec une scie sauteuse ou une scie circulaire. L'usage d'un guide est indispensable pour scier droit (encadré).

► Réglez le trait de coupe et la vitesse selon les spécifications du fabricant et du matériau.

► Débutez la coupe lentement et progressez régulièrement sans à-coup et sans pousser (c'est le moteur qui coupe et pas vous !). Vous devez juste diriger la machine et l'empêcher de virer.

Scier en ligne droite à la main

1. Commencez en guidant la scie. Servez-vous du pouce et tirez la lame vers vous pour marquer son empreinte dans le bois.

2 Écartez les bords. Si la lame a tendance à coincer, placez un coin dans le trait de scie pour qu'il ne se referme pas.

3 Ralentissez la cadence. En terminant le sciage, tenez la chute avec l'autre main pour éviter les gros éclats.

Scier des formes courbes

Avec des formes courbes, il faut travailler « à main levée », sans guide, en suivant le tracé au plus près.

▶ Avec une scie à guichet, il suffit de tourner un peu le poignet pour forcer la lame à suivre le tracé (photo 1).

▶ Avec une scie sauteuse, suivez le trait en tournant le cul de l'outil et non sa lame (photo 2). De ce fait, vous forcerez moins sur la lame et la découpe sera plus régulière. Il est impossible de réaliser une courbe avec une scie circulaire.

À noter: pour scier en plein panneau, en courbe ou en ligne droite, percez d'abord des trous dans les angles de façon à engager plus facilement la lame de la scie sauteuse ou de la scie à guichet.

1. Avec une scie à guichet, tournez légèrement le poignet pour forcer la lame étroite à suivre le tracé courbe.

2. Avec une scie sauteuse, suivez le tracé en tournant progressivement le cul de la machine.

Pour éviter les éclats

Pour ne pas faire d'éclats lors du sciage d'une pièce de bois, placez une planche martyr du côté de la sortie de la lame. Bloquez l'ensemble avec des serre-joints. Les éclats se porteront sur le martyr (croquis 3).

À noter: plus la denture de la lame est marquée, plus les éclats seront importants.

Prendre soin des outils

La résine des tasseaux et des baguettes de pin englue la lame et la freine au sciage. Un nettoyage avec un tampon imbibé d'alcool à brûler corrige ce défaut.

À noter: on ne pourra jamais scier correctement avec une lame émoussée. Une lame de scie doit être parfaitement

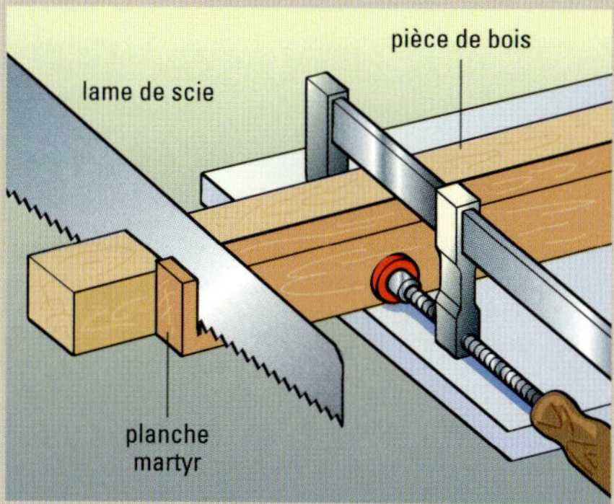

3. Avant de scier une pièce de bois, serrez-la contre une planche martyr placée du côté de la sortie de la lame.

avoyée (on lui donne de la voie : chaque dent est déviée à droite ou à gauche du plan de la scie pour éviter le bourrage dû aux copeaux) et affûtée ou, plus simplement remplacée.

Préservez votre santé

Équipez-vous d'un système efficace pour récupérer la sciure, les copeaux ou les poussières du sciage comme du ponçage. Le mieux consiste à collecter ces déchets dès leur production, au moyen d'un aspirateur-bidon, conçu spécialement pour le bricolage. Cette précaution limite en outre le ménage de l'atelier !

Le perçage

Cette technique, qui intervient à toutes les étapes du travail de menuiserie, est facilitée par l'usage, devenu habituel, de la perceuse électrique, sans fil en particulier. Elle a détrôné le vilebrequin traditionnel, en passe de disparaître, au grand dam des bricoleurs passionnés.

Bien percer

Pour éviter les éclats en sortie de trou, placez une cale de bois dur (croquis 1) ou percez en deux temps (croquis 2).

► Les perceuses électriques sont souvent dotées d'un variateur de vitesse. Équipez-les de forets à bois ou de mèches plates (croquis 3 et 4) et réglez la vitesse en fonction du diamètre de perçage. Démarrez le perçage lentement, sans appuyer, en tenant le foret à angle droit par rapport à la pièce. Accélérez lorsqu'une entame régulière est réalisée.

► Si vous devez percer des trous en série, équipez-vous d'un support-colonne. Cet accessoire maintient la perceuse à la verticale et permet de régler précisément la profondeur de perçage.

À noter : avec une perceuse électrique, n'utilisez jamais les mèches trois pointes réservées au perçage à main.

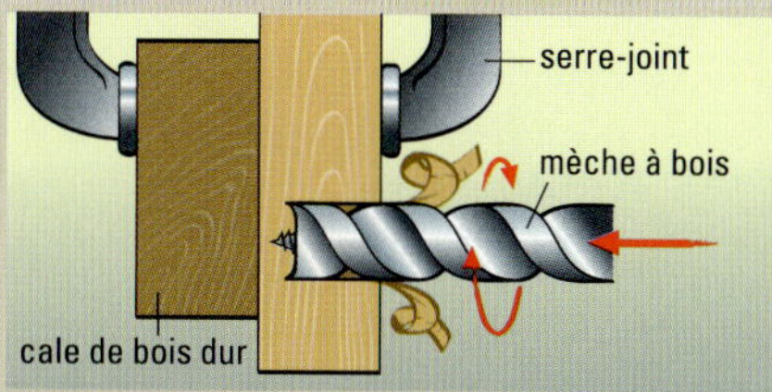

1. Fixez une cale de bois à l'aide d'un serre-joint pour éviter les éclats au débouché de la mèche.

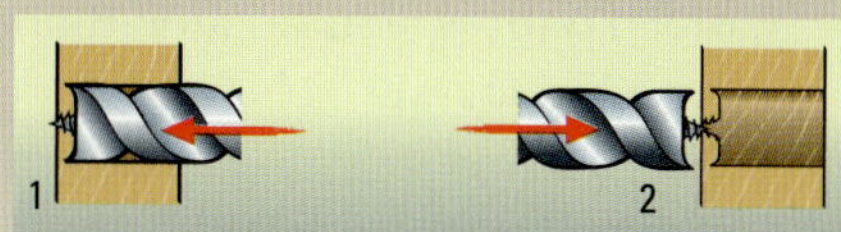

2. Si vous n'avez pas de martyr, procédez en deux temps. Percez une face, sans forcer, jusqu'à ce que la pointe de la mèche apparaisse sur l'autre face, puis reprenez le perçage par l'autre côté. Une autre solution consiste à percer un premier trou de petit diamètre (3 mm) qui sert alors de guide pour percer la pièce d'un côté puis de l'autre.

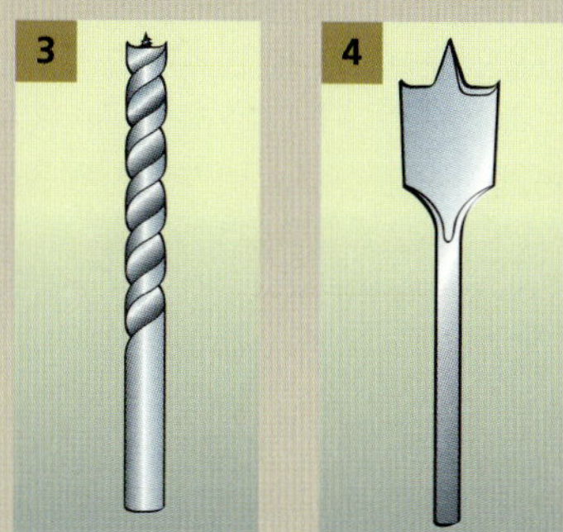

3. Foret à bois pour mini-perceuse. Il comporte deux spirales terminées en pointe. Ce type de foret a l'avantage de ne pas « bourrer ».
4. Mèche à bois plate destinée à percer des trous de plus de 10 mm de diamètre, avec une perceuse électrique.

Dans un bois tendre

Lorsque vous plantez des clous dans un bois tendre (sapin, peuplier, etc.), vous constatez qu'ils ont tendance à fendre le bois. En effet, si la pointe est très effilée, elle pénètre entre les fibres et le diamètre du clou et fait éclater la planche. Pour pallier cet inconvénient – qui n'existe qu'avec le bois massif –, « mouchez » la pointe du clou avant de l'utiliser: frappez la pointe d'un léger coup de marteau pour l'écraser un peu. Le bois n'éclatera plus.

Le clouage

La vis a remplacé le clou. Pourtant, ce dernier conserve ses atouts. Il est économique, universel, solide et toujours disponible. Le plus courant est celui à tête plate, utilisé pour les assemblages de pièces de forte section. Pour des travaux plus délicats, servez-vous de clous « tête d'homme », de forme conique, qui peuvent être dissimulés dans le bois.

Faire les bons gestes

Utilisez un marteau léger pour planter des pointes fines et un lourd pour des clous plus gros. Tenez le marteau par l'extrémité de son manche. Piquez le clou bien droit, en le tenant entre deux doigts. Donnez d'abord quelques coups secs, sans élan. Une fois le clou fiché de quelques millimètres, lâchez-le et enfoncez-le définitivement. Utilisez votre avant-bras comme levier, en faisant travailler le coude et non le poignet.

À noter: pour ne pas vous taper sur les doigts en tenant des pointes fines, piquez celles-ci au travers d'une languette en carton.

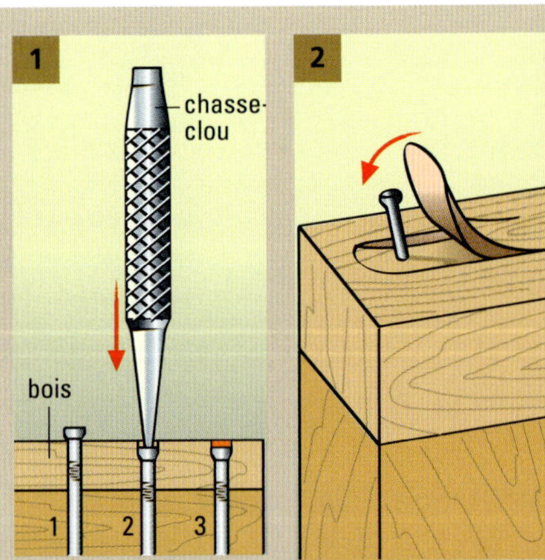

1. Utilisez un chasse-clou pour faire disparaître le clou dans le bois.
2. Sur du bois massif, soulevez un copeau à l'aide d'un ciseau à bois. Plantez le clou et recollez le copeau à sa place.

Masquer un clou dans le bois

Pour faire disparaître un clou, une solution consiste à utiliser des pointes « tête d'homme » et à les enfoncer dans le bois à l'aide d'un chasse-clou ou d'un vieux tournevis cruciforme (croquis 3 et 4).

Une autre solution consiste à dégager un petit copeau à l'aide d'un ciseau à bois, à l'emplacement du clouage. Une fois le clou planté, le copeau est encollé et remis en place (croquis 5 et 6).

3 et 4. Pour améliorer la fixation d'un assemblage, plantez les clous de biais (1) ou en quinconce (2).

5 et 6. Ne plantez jamais deux clous en ligne dans du bois de fil (3). Décalez-les de quelques millimètres (4).

Le collage

Tous les fabricants de colles proposent des fascicules ou des fiches techniques qui détaillent la mise en œuvre. Respectez scrupuleusement les consignes.

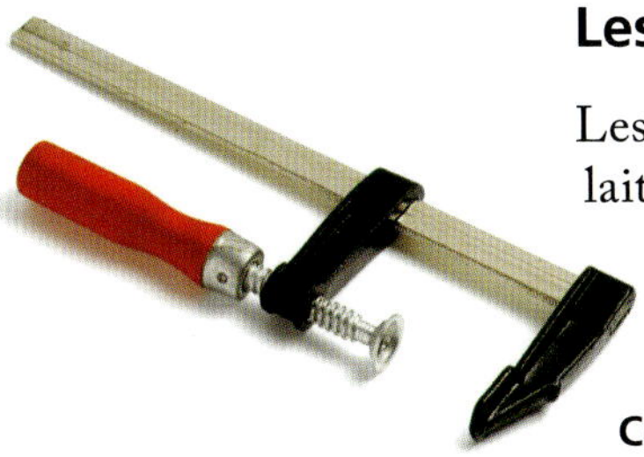

Les colles vinyliques

Les colles vinyliques sont des colles blanches se présentant sous forme d'un lait épais et destinées à l'assemblage de tous les bois et de leurs dérivés. Elles conviennent aux travaux de menuiserie intérieure et à la réparation d'objets non soumis à l'humidité. Après séchage, le film de colle devient transparent et pratiquement invisible.

Comment procéder. Avant de coller, nettoyez parfaitement les surfaces à mettre en contact. Faites un essai d'assemblage « à sec », sans colle.

▶ Étalez de manière uniforme un mince film de colle sur les deux pièces avec un pinceau propre (croquis 1).

▶ Assemblez ensuite les deux pièces : leur position peut être rectifiée tant que le produit est humide.

▶ Dès que le résultat est satisfaisant, essuyez les bavures avec un linge humide et maintenez à l'aide de serre-joints (croquis 2).

Respectez le temps de séchage indiqué par le fabricant.

À noter : un ancien collage à la colle vinylique peut être assoupli et décollé par une injection de vinaigre.

D'autres colles

En ébénisterie, les professionnels utilisent toujours des colles « animales », des recettes traditionnelles à bas d'os, d'arêtes, de peaux ou de nerfs. Elles sont thermosensibles, c'est-à-dire qu'elles se ramollissent à la chaleur. Ainsi, pour débloquer les assemblages d'un meuble ancien ou décoller un placage, il suffit de les chauffer.

Plus couramment, des colles contact cyanoacrylate (« une goutte suffit ») ou Néoprène vous sont proposées. Mais elles sont à réserver à des emplois très précis car le collage est définitif et plus résistant que le bois.

1. La colle vinylique doit être étalée sur les deux pièces à assembler à l'aide d'une spatule ou d'un pinceau.

2. Durant le séchage, l'assemblage est maintenu avec des serre-joints.

Le vissage

Le tournevis électrique et la perceuse sans fil ont imposé le vissage comme moyen d'assemblage privilégié. Pour le bois, constituez-vous un assortiment, en différents diamètres et longueurs, de vis autoforeuses, à empreinte cruciforme, tête fraisée et corps cylindrique, appelées couramment « VBA ». Elles permettent de répondre à tous les besoins.

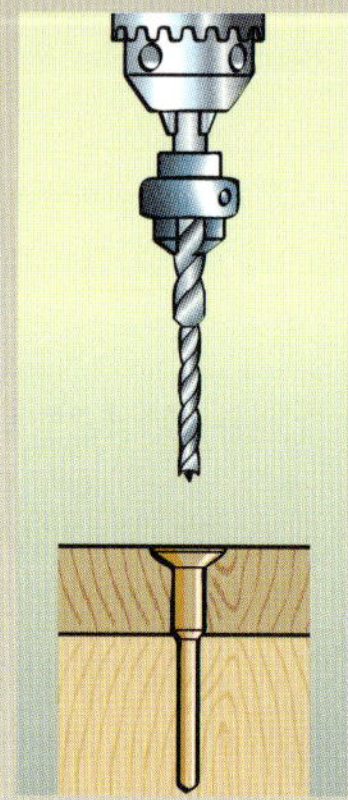

La mèche étagée

Si vous avez de nombreuses vis à implanter, faites des avant-trous très précis. Pour ce faire, vous vous procurerez des mèches étagées qui perceront simultanément deux diamètres et exécuteront le fraisage de la tête.

Visser à la main…

Avant de procéder au vissage, on facilitera l'introduction de la vis en frottant son filetage sur un bloc de paraffine.

- Présentez la vis sur son emplacement et donnez un bon coup de marteau de façon qu'elle se tienne seule, bien droite.
- Engagez le tournevis dans l'empreinte de la tête.
- Maintenez la vis pendant les deux premiers tours.
- Tournez l'outil d'un quart de tour tout en appuyant.
- Continuez de visser en vous assurant que la vis reste bien dans l'axe.

… ou à la visseuse électrique

Après avoir présenté l'embout de la machine dans l'empreinte cruciforme de la vis :

- Engagez la vis sur l'embout de la visseuse. Présentez l'ensemble sur son

Sauf s'ils sont recherchés pour leur effet décoratif, les nœuds constituent le principal défaut du bois.

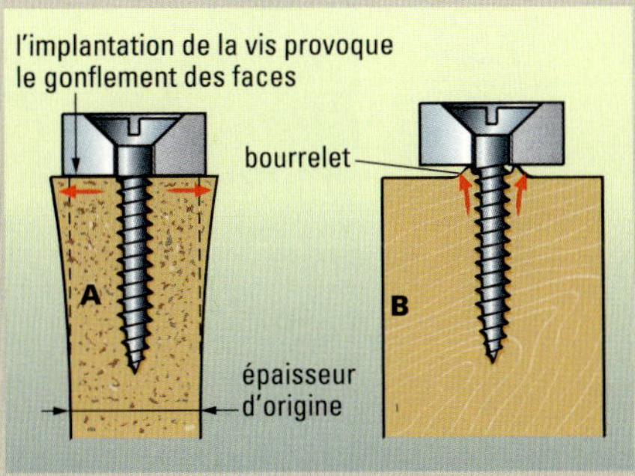

1 A. Implantée directement dans l'aggloméré, sans avant-trou, la vis fait gonfler le panneau.
1 B. Lors de la pénétration de la vis, les fibres du bois massif créent un bourrelet autour de la tête.

2. Implantez les vis dans l'ordre. Commencez par la vis n° 1, poursuivez par la vis n° 2 après avoir vérifié la bonne position de l'équerre. Terminez par la vis n° 3.

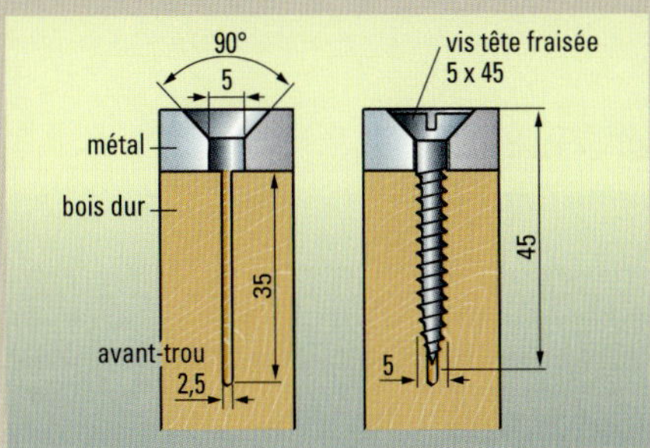

3. Dans le bois dur, percez un avant-trou de 2,5 à 3 mm de diamètre sur une profondeur égale à la longueur de la vis.

emplacement. Appuyez pour enfoncer légèrement la vis.

► Démarrez à vitesse lente en vérifiant que la vis ne dévie pas. Puis accélérez jusqu'à ce que le couple de serrage se déclenche. Celui-ci doit être réglé de façon que la vis affleure la surface du bois.

► Pour éviter de trop l'enfoncer, réglez la visseuse sur un couple faible (2 ou 3). Si cela ne suffit pas, dévissez de quelques tours, réglez une valeur supérieure, puis revissez. Vous pouvez aussi terminer le vissage à la main.

Le rôle de l'avant-trou

Lorsque l'on implante une vis, le volume de sa tige repousse la matière interne d'un volume équivalent. Ainsi, sur un panneau d'aggloméré, on constate un léger gonflement des faces (croquis 1A). Dans un bois dur, il se crée un bourrelet autour de la vis (croquis 1B).

Le perçage d'un avant-trou permet de pallier cet inconvénient car il facilite la pénétration de la vis, donne une plus grande solidité à la fixation, et permet une finition esthétique. Le diamètre de l'avant-trou doit avoir une valeur comprise entre le tiers et la moitié du diamètre extérieur de la vis.

La fixation d'une équerre

La fixation d'une équerre métallique sur un tasseau en bois dur à l'aide de trois vis TF (tête fraisée) de 5 X 45 (5 mm de diamètre et 45 mm de longueur) requiert par exemple la préparation suivante :

► Assurez-vous d'abord que les vis choisies passent correctement dans les trous de l'équerre et que le diamètre des têtes coniques affleure à la surface du métal (croquis 2).

► Posez l'équerre sur le bois et, à l'aide d'une pointe carrée, marquez le centre du premier trou.

► Percez un avant-trou dans le bois, de 2,5 à 3 mm de diamètre pour une profondeur égale à la longueur de la vis (croquis 3).

► Commencez le vissage tout en vérifiant la position de la vis qui, guidée par l'avant-trou, doit pénétrer perpendiculairement à la face.

► Vissez à fond, sans bloquer.

► Vérifiez la position de l'équerre métallique. Rectifiez-la, s'il y a lieu.

► Avec la pointe carrée, marquez le centre du deuxième trou.

► Implantez la deuxième vis, bloquez-la ainsi que la première.

► Pour terminer, implantez la troisième vis et bloquez l'ensemble. Vérifiez que les vis et la face de l'équerre sont au même niveau.

Permettant de renforcer les assemblages, les équerres métalliques sont peu esthétiques, vous leur préférerez les tourillons dans les parties visibles.

Le rabotage

Aujourd'hui, qu'il soit à main ou électrique, le rabot reste largement utilisé dans le monde professionnel. Mais son emploi est devenu anecdotique pour le bricoleur, qui l'a remplacé par les moyens de ponçage efficaces qu'offrent les ponceuses électriques de différents modèles.

Le rabotage s'effectue corps droit, jambes légèrement écartées, avec un pied perpendiculaire à l'établi.

Le rabot à main

Il existe différents modèles de rabots à main dans diverses tailles. Cela va du guillaume à fer (tout petit rabot) à la varlope à fût (grand rabot à poignée, sans nez) en passant par le petit rabot (20 cm de long), etc.

Le rabot électrique

Seul est nécessaire le réglage de l'épaisseur de passe. Démarrez le rabotage à une extrémité de la pièce, en soulevant légèrement le talon de l'outil. Guidez le rabot à une vitesse de déplacement constante. Ne vous arrêtez pas en chemin pour ne pas créer de relief. Prolongez le mouvement au-delà de la pièce en relevant légèrement le nez du rabot.

À noter: les rabots électriques sont équipés d'une jauge de profondeur qui permet de réaliser des feuillures droites sans difficulté, même si vous ne possédez pas une défonceuse ou une machine à bois.

La bonne position du rabot à main

Pour raboter une planche, une main pousse le rabot tandis que l'autre appuie sur le nez. Déplacez l'outil sans à-coups et, au fur et à mesure de l'avancement, relâchez la pression à l'avant pour transférer l'appui sur le talon de l'outil. En fin de course, relevez le nez du rabot. Faites ainsi plusieurs passages en surveillant bien la qualité des copeaux, qui doivent être longs et fins.

Raboter en bout

Si vous avez à raboter l'extrémité d'une planche (photo 2), évitez l'éclatement des fibres aux angles de la planche en travaillant alternativement dans les deux sens.

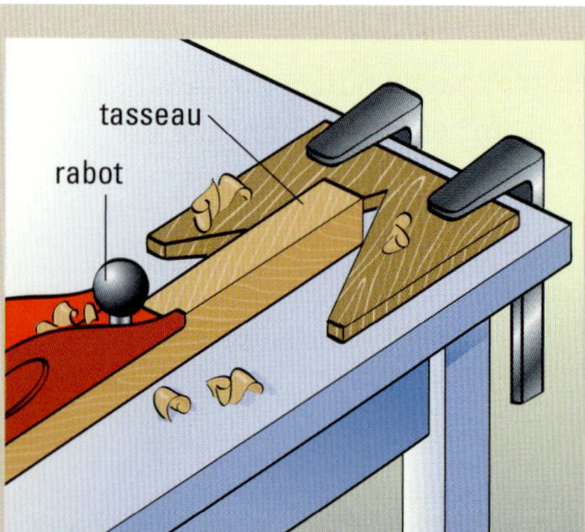

1. Découpez dans une chute de contreplaqué une cale en V. Elle vous servira d'appui pour raboter la face d'un tasseau sans devoir le serrer dans une presse.

2. Pour ajuster l'extrémité d'une planche, rabotez à sens contrariés: de gauche à droite jusqu'à la moitié de la tranche, puis de droite à gauche. Cette précaution évite l'éclatement des fibres aux extrémités de la planche.

Le ponçage

La qualité du ponçage détermine la réussite de la finition. Il est indispensable et se décompose en trois phases. La première consiste à éliminer les plus gros défauts, voire l'ancienne finition, c'est l'ébauche. La seconde égalise la surface du bois. La dernière fait disparaître les traces laissées par les deux opérations précédentes. Pour des travaux courants, la deuxième étape n'est pas indispensable.

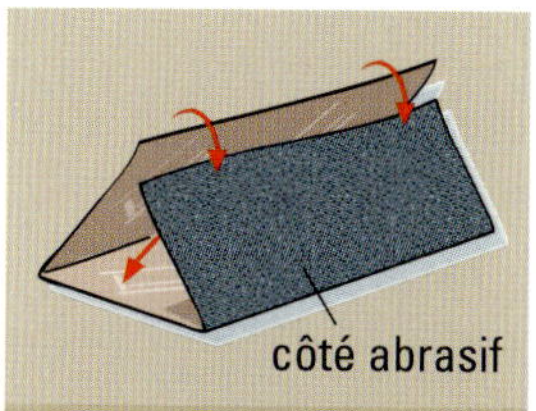

Si vous utilisez du papier de verre à main nue pour poncer de petites surfaces, pliez la feuille en portefeuille selon trois volets. Ainsi elle ne vous glissera pas entre les doigts.

En plus du dispositif d'extraction ou du sac, portez des lunettes et un masque anti-poussière.

Les papiers abrasifs

Les papiers abrasifs ont des grains différents, désignés par un numéro (tableau). Plus le numéro est petit, plus le grain est important et plus le ponçage est grossier.

Le classement des abrasifs

Grosseur d'abrasif	système actuel	ancien système	Grosseur d'abrasif	système actuel	ancien système
Gros grain	50	1	Grain fin	220	6/0
	60	1/2		240	7/0
				280	8/0
Grain grossier	80	0			
	100	2/0	Grain très fin	320	9/0
				360	-
Grain moyen	120	3/0		400	-
	150	4/0		500	-
	180	5/0		600	-

Une cale à poncer sur mesure. Pour des travaux soignés, fabriquez une cale à poncer épousant parfaitement la forme de l'objet (séquence).

Avec de la mousse. Pour des travaux sur des surfaces arrondies qui exigent moins de précision, servez-vous de mousses abrasives ou d'un gros tampon de laine d'acier. Le classement de celle-ci est établi par un nombre de 0. Une laine n° 0 sert pour l'ébauche, une laine n° 000, pour la finition.

Avec un racloir. Idéal pour les bois durs et pour certains placages précieux, le racloir assure une finition soignée. Simple lame métallique affûtée, il produit des copeaux microscopiques (croquis 1).

Pour les objets arrondis. Pour poncer un cylindre, découpez une bande de papier abrasif de 25 à 30 cm de long. Enroulez-la autour et tirez vers vous alternativement, tout en vous déplaçant de haut en bas et en tournant autour de l'objet. Vous pouvez aussi utiliser un tampon de mousse abrasive.

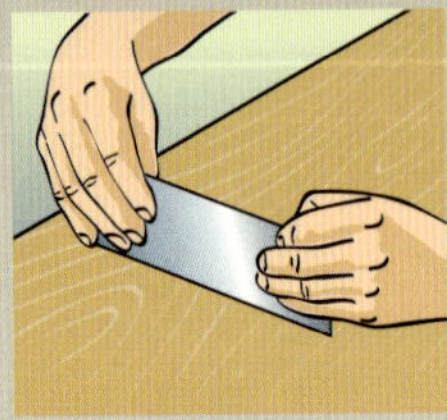

1. Cette lame bien affûtée assure une bonne finition. À l'inverse du papier abrasif fin, le racloir ne s'encrasse pas. Il est impératif qu'il soit finement aiguisé.

2. Pour poncer régulièrement, utilisez une cale de bois ou, mieux, un bloc spécial qui maintient la feuille abrasive et répartit la pression sur toute la surface.

La ponceuse électrique

Pour un premier équipement, achetez une petite ponceuse multifonctions. Cet outil dispose d'un assortiment d'accessoires qui vous permettent d'accomplir une bonne partie des travaux courants en menuiserie. Par la suite, lorsque vous aurez pris l'habitude, investissez dans des ponceuses spécialisées, plus puissantes. La ponceuse excentrique est polyvalente. Son plateau tournant est aussi efficace pour l'ébauche que pour les finitions soignées. La ponceuse à bande assure un rendement exceptionnel, très efficace sur de grandes surfaces comme le parquet massif.

Comme pour la plupart des outils électriques, n'oubliez pas que c'est au moteur d'accomplir le travail, pas à vous. Il ne faut donc pas appuyer sur la ponceuse mais seulement la guider.

Les poussières de ponçage sont très fines. Un système de collecte est indispensable. N'hésitez pas à porter un masque filtrant efficace. Après le ponçage, passez l'aspirateur et aérez le local.

À noter: les panneaux recouverts d'un placage de bois décoratif ne doivent pas être poncés car l'épaisseur de ce placage est trop faible pour le supporter. Vous risquez de passer au travers du décor.

Confection d'une cale à poncer sur mesure

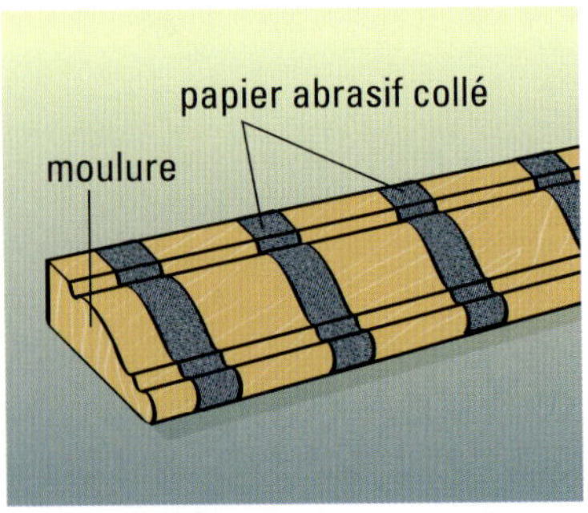

1. Découpez trois ou quatre bandes abrasives. Collez ces bandes de 5 à 6 mm de large sur le profil de la moulure à poncer.

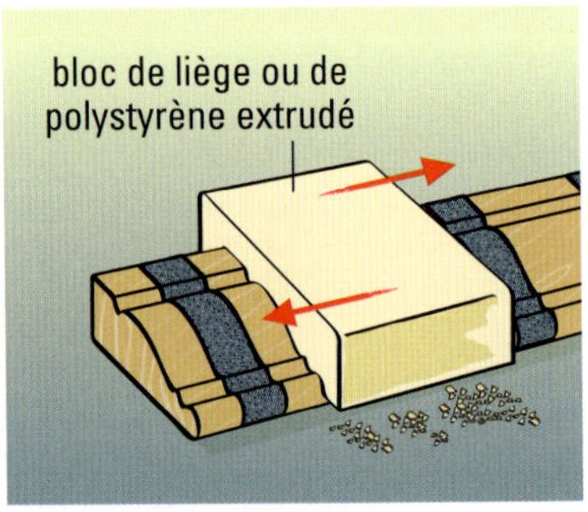

2. Frottez dessus une chute de polystyrène extrudé jusqu'à ce qu'elle épouse bien la forme de la moulure.

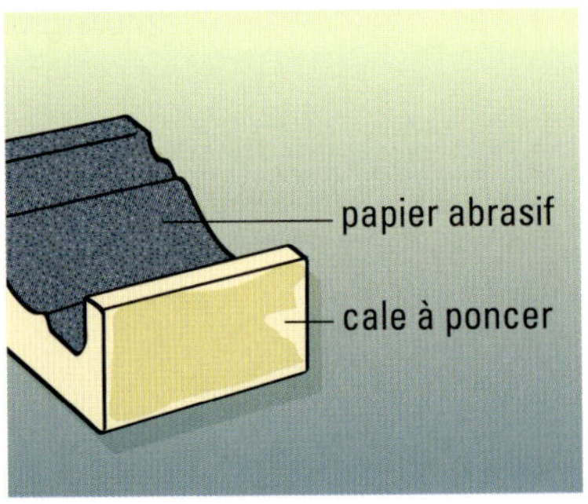

3. Collez sur cette cale du papier abrasif. Vous obtenez ainsi une cale à poncer sur mesure, prête à servir.

Les techniques à maîtriser

La quincaillerie d'assemblage

La délicate queue-d'aronde reste l'apanage des ébénistes d'antan. Aujourd'hui, de nombreuses techniques d'assemblage se sont développées.

Pattes et équerres

Les pattes et équerres métalliques sont des accessoires simples et faciles à utiliser, notamment pour renforcer un assemblage ou remplacer une fixation défectueuse.

1. Patte droite. Diffusé sous différentes longueurs, ce type de patte métallique sert à réunir deux pièces de bois ou à les maintenir à écartement régulier.

2. Équerre plate. Elle est utilisée pour renforcer les angles des cadres ou un coin de meuble. L'équerre est placée au dos du cadre. Pour des raisons esthétiques, il est préférable de l'encastrer pour qu'elle disparaisse dans l'épaisseur du bois.

3. Équerre double. En forme de T, cette équerre s'utilise, comme la précédente, pour renforcer un assemblage défectueux. En posant une autre équerre sur l'autre face de l'assemblage, l'ensemble est plus résistant.

4. Équerre coudée. Cette pièce coudée à angle droit, et ses très nombreuses déclinaisons, sert presque à tous les assemblages, pour un meuble, des étagères, des cadres, etc.

Renforcer les assemblages

Les assemblages des cadres et des bâtis peuvent être collés, mais il est préférable de les renforcer avec des équerres métalliques lorsqu'une plus grande résistance est nécessaire. Le résultat étant peu esthétique, cette solution est réservée aux objets fonctionnels ou aux structures dissimulées.

Pattes et équerres

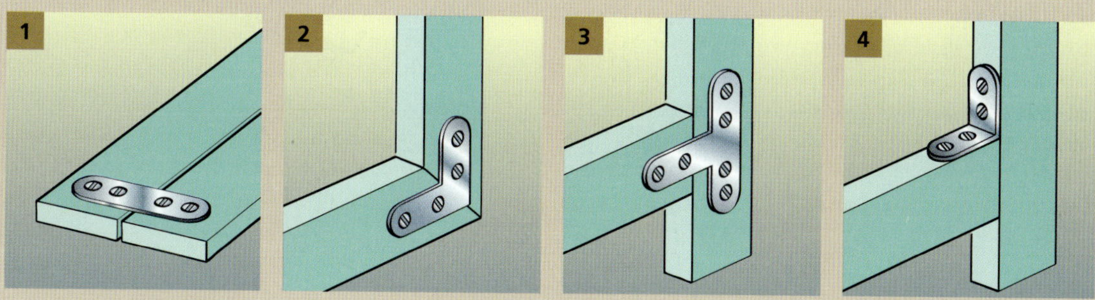

Systèmes pour meubles en kit

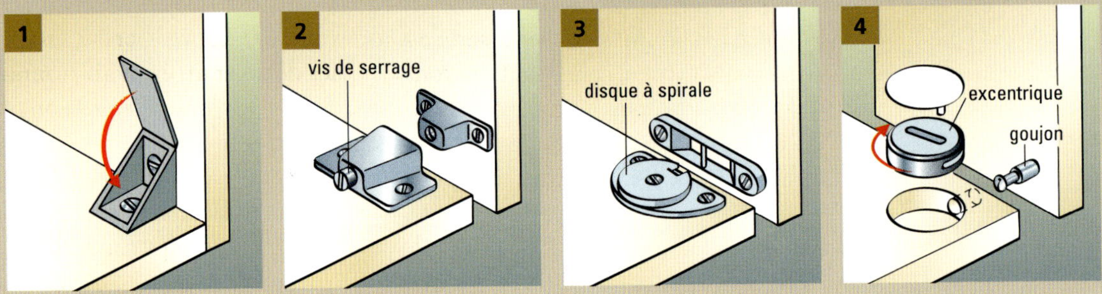

Systèmes pour meubles en kit

Les systèmes d'assemblage des meubles en kit sont en général d'une grande simplicité de montage ; ils exigent peu ou pas d'outils et conservent le plus souvent une possibilité de démontage.

1. Bloc triangulaire. Ce modèle en matière plastique porte les deux vis de fixation dissimulées par un couvercle.

2. Ferrure à emboîtement trapézoïdal. Cette ferrure est composée de deux éléments (mâle et femelle) s'emboîtant l'un dans l'autre. Le serrage de la vis assure la position et le blocage des deux pièces de bois. Ce système permet le démontage du meuble.

3. Ferrure à spirale. Cette ferrure s'utilise pour le montage des panneaux de meuble, et notamment pour les supports d'évier de cuisine. La rotation du disque interne taillé en spirale provoque le verrouillage des deux éléments, mais le meuble reste démontable.

4. Ferrure à excentrique. Cet ensemble se compose d'un goujon vissé sur l'une des pièces et d'un cylindre à excentrique logé dans la seconde pièce. La rotation de l'excentrique tire sur la tête du goujon et bloque l'assemblage. Il faut une fraise spéciale pour encastrer le cylindre. L'assemblage peut être démonté.

Ferrures et taquets de lit

Les ferrures d'assemblage métalliques des cadres de lit résistent aux sollicitations dans tous les sens. Elles restent démontables.

1. Ferrure d'angle. Les deux parties de la ferrure s'emboîtent l'une dans l'autre, guidées par deux ergots. L'assemblage est obtenu par une vis centrale assurant le blocage de l'angle.

2. Vis à tête sphérique. Longue vis en acier qui s'assemble avec une douille filetée préalablement plantée dans le meuble. La vis, dissimulée dans l'épaisseur de la traverse, est invisible en façade : le blocage de l'ensemble s'obtient par la rotation de la tête, manœuvre effectuée avec un gros clou ou un chasse-goupille introduit dans les trous de la tête.

3. Taquet queue-d'aronde. Ces goulottes métalliques en forme de trapèze se fixent à l'intérieur du châssis et reçoivent les extrémités des traverses supportant le sommier, elles-mêmes taillées en queue-d'aronde.

4. Ferrure conique. Ces ferrures à emboîtement s'utilisent pour monter les traverses de lit, mais sans nécessiter l'usinage de ces dernières. Les équerres vissées en bout des traverses sont enclenchées dans les ferrures du cadre.

Ferrures et taquets de lit

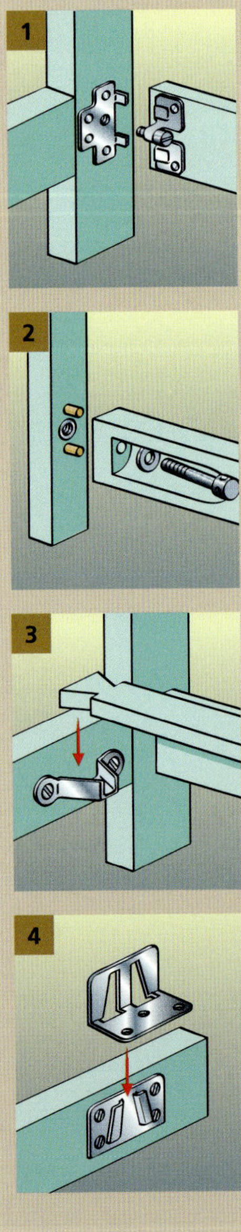

Les assemblages simples

N'imaginez pas que la menuiserie est un exercice difficile. Certes, les artisans ébénistes et les charpentiers sont capables de créer un éventail étonnant d'assemblages. Mais leur expérience, héritée d'une longue tradition, fut durement acquise : en l'absence d'outillage moderne, leurs maîtres devaient produire des objets solides, durables et esthétiques.

Si les techniques d'assemblage ont toujours le même but, scier une planche ou visser deux tasseaux est devenu bien plus facile. Quelques assemblages de base permettent de réaliser la quasi-totalité des travaux de menuiserie. Et lorsque la technique n'est pas suffisante, reste le recours à la quincaillerie

Le renfort par un tasseau

Lorsque les planchettes sont trop minces pour accepter la pénétration des clous dans l'épaisseur du bois, l'assemblage peut être renforcé par un tasseau collé et cloué dans l'angle.

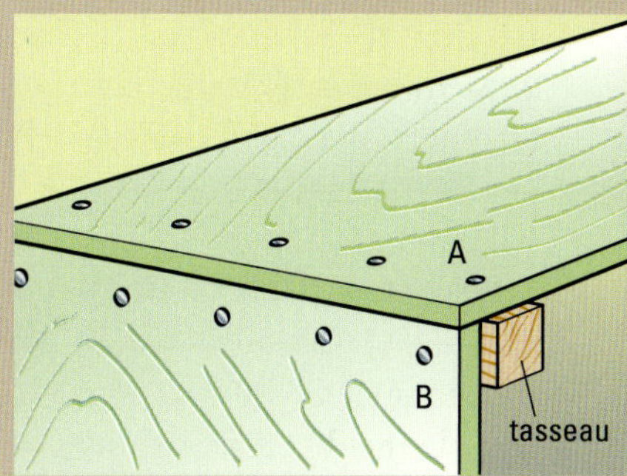

« Collé-cloué » et « collé-vissé »

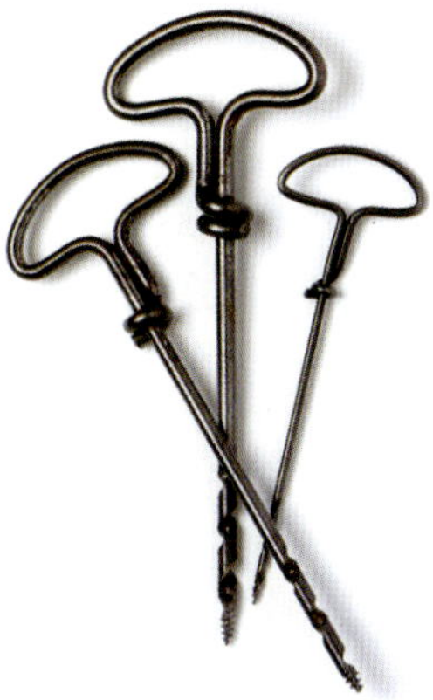

Ce sont les deux assemblages les plus simples puisqu'ils ne réclament aucun travail de découpe. Les deux éléments sont simplement superposés. Les faces en contact sont enduites de colle blanche, assemblées puis placées sous presse durant le séchage de la colle. Pour renforcer la résistance du montage à la traction et au cisaillement, le collage est complété par des clous plantés de biais ou par quelques vis.

Cette technique est principalement utilisée pour réaliser les assemblages pratiques comme la fabrication d'une clôture, d'un portillon de jardin, d'étagères pour l'atelier, d'un coffret en contreplaqué, etc.

Réaliser un collé-cloué

La réalisation d'un coffret ou d'une boîte débute souvent par l'assemblage à angle droit de deux planchettes. Cette première action conditionne la réussite de l'ensemble (croquis 1).

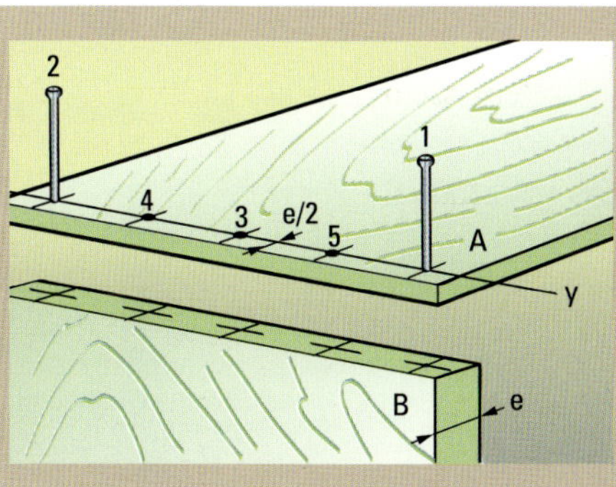

1. Le respect exact de la procédure vous aidera à réussir un assemblage à angle droit.

- ▶ Relevez l'épaisseur des planchettes et reportez la moitié de cette dimension (e/2) sur le bord de la pièce A, puis tracez une ligne XY matérialisant la position des clous.
- ▶ Plantez un clou à chacune des extrémités de la pièce A. Veillez à ce qu'ils soient bien perpendiculaires à la face supérieure.
- ▶ Présentez la pièce B sous la pièce A. Frappez sur les clous pour que les pointes traversent le bois et viennent se piquer au milieu du chant de la pièce B. Enfoncez les clous de quelques millimètres.
- ▶ Vérifiez la position des deux pièces A et B, dont les arêtes doivent coïncider.

Bien que fort simples, les assemblages « collé-cloué » et « collé-vissé » permettent d'ambitieuses réalisations...

▸ Séparez les pièces sans enlever les clous de la pièce A, mais de façon qu'il reste deux empreintes aux extrémités de la pièce B.
▸ Appliquez deux couches de colle blanche à 10 minutes d'intervalle. Ne couvrez pas les empreintes de clous, qui doivent rester visibles.
▸ Présentez la pièce A sur la pièce B en introduisant la pointe des deux clous dans les empreintes existantes. Enfoncez les clous 1 et 2 pour immobiliser les pièces puis ajoutez les clous 3, 4 et 5.
▸ Enlevez les bavures de colle et laissez sécher.

Réaliser un collé-vissé

Le montage « collé-vissé » s'utilise pour assembler des pièces difficiles à clouer et à immobiliser pendant le séchage de la colle. Par exemple, cette rosace A de bois dur doit être collée sur une planchette B de bois tendre (croquis 2).
▸ Préparez l'assemblage des deux pièces par des vis à bois de bonne dimension. Percez les trous de passage des vis dans la pièce B puis percez les avant-trous pour que les vis pénètrent aisément dans le bois dur de la rosace.
▸ Prévoyez des rondelles que vous interposerez sous la tête des vis afin que ces dernières ne fassent pas éclater les fibres du bois tendre. Sans cette précaution, lors du serrage, les têtes de vis risquent de passer à travers la planchette B.
▸ Défaites ce montage à blanc et encollez les surfaces en contact à la colle blanche.
▸ Serrez les vis et bloquez-les en place.
▸ Essuyez les bavures de colle et laissez sécher.

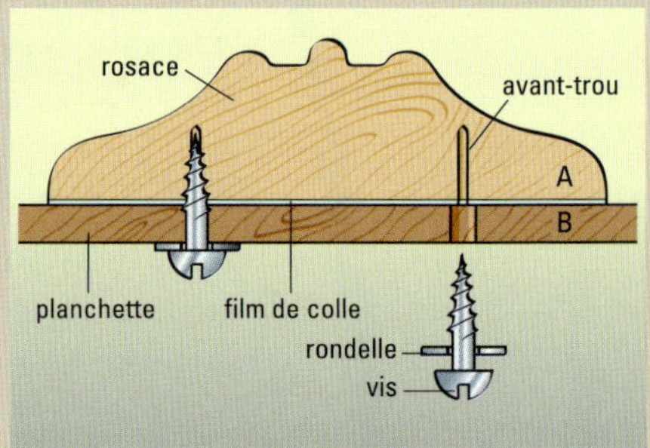

2. Rien de plus facile que de réaliser ce montage avec de la colle et deux vis parfaitement implantées.

Les assemblages à mi-bois et par tourillons

L'assemblage à mi-bois sert à fabriquer des cadres (structure de meuble, par exemple) ou à raccorder des éléments de charpente, notamment pour les décors de jardin (pergola, treillage, etc.).

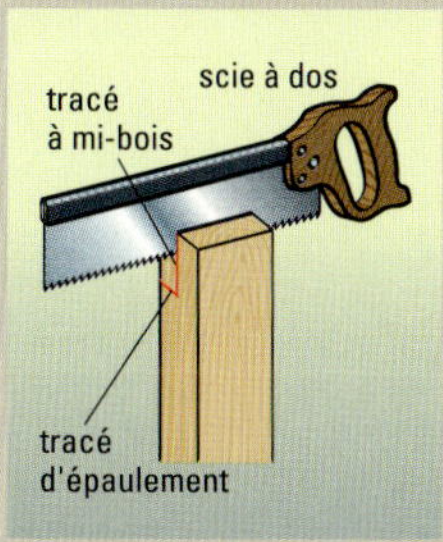

1. Servez-vous d'une scie à dos. Coupez l'épaisseur en suivant le tracé à mi-bois et la ligne d'épaulement pour dégager la chute..

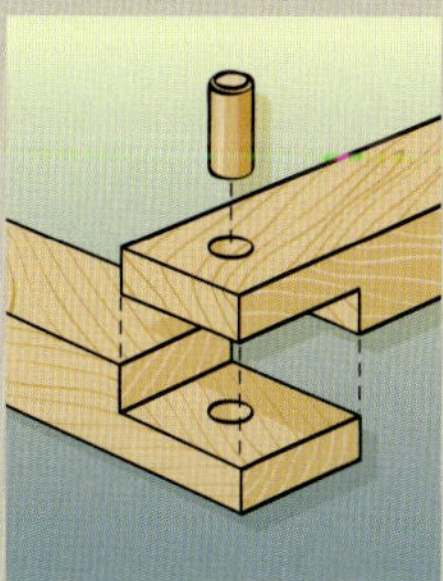

2. Assemblage à mi-bois renforcé par un tourillon.

Les assemblages à mi-bois

Dans un assemblage à mi-bois, les deux éléments emboîtés se trouvent sur le même plan : il faut en recouper les extrémités dans le sens de l'épaisseur. Plus la découpe est précise, plus l'assemblage sera solide.

Réaliser un « mi-bois »

► Tracez avec un trusquin l'empreinte de chaque pièce l'une sur l'autre.

► À l'aide d'une scie à dos (croquis 1) découpez le bois de manière que le talon mesure la largeur et la moitié de l'épaisseur de l'autre élément.

► Emboîtez les deux pièces ainsi découpées.

► Vérifiez l'équerrage, encollez les deux faces en contact puis bloquez l'ensemble par un serre-joint pendant le séchage de la colle.

► Par la suite, renforcez l'assemblage par deux clous plantés en diagonale ou un tourillon traversant les deux pièces (croquis 2).

► Un « mi-bois » en croix est réalisé sur le même principe mais sur la longueur des tasseaux et non à leurs extrémités (séquence).

Plus simples et plus rapides, les assemblages par tourillons ont remplacé les techniques d'ébénisterie traditionnelles.

Réalisation des encoches

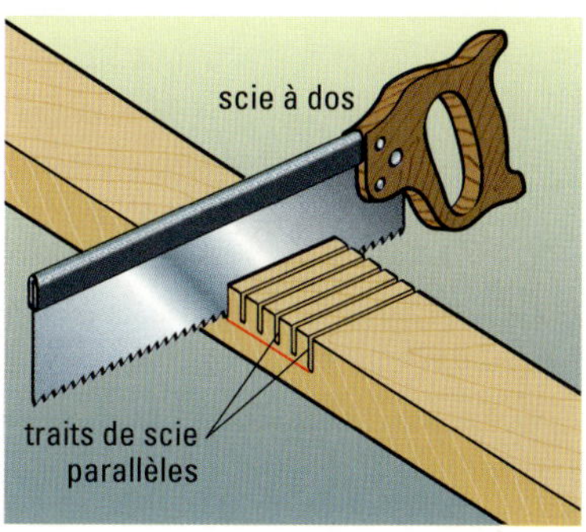

1. Amorcez l'encoche. À l'aide d'une scie à dos, faites plusieurs traits de scie parallèles sur toute la largeur de l'encoche.

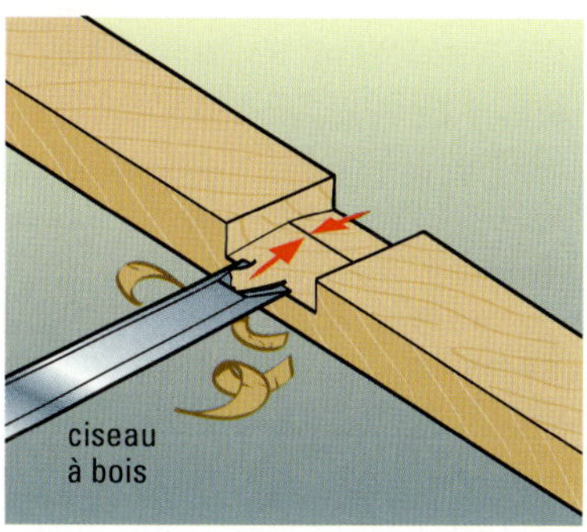

2. Entaillez la matière. Avec un ciseau à bois, dégagez l'intérieur en travaillant de part et d'autre jusqu'à obtenir un fond plat..

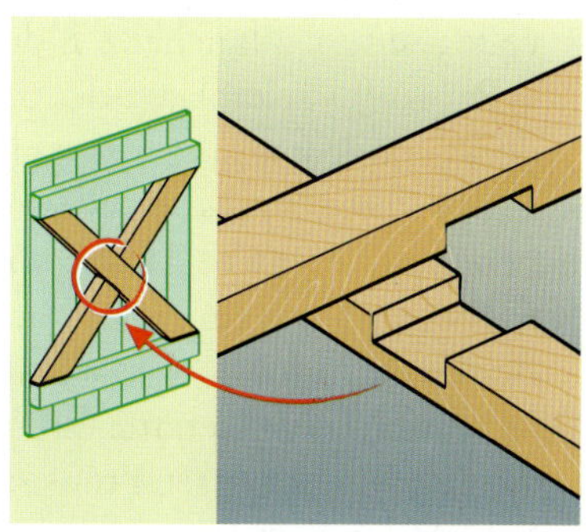

3. Ajustez les deux encoches. Elles doivent s'emboîter l'une dans l'autre, sans jeu, pour former un X.

Les assemblages par tourillons

L'assemblage par tourillons permet d'aborder tous les domaines de la menuiserie sans qu'il soit nécessaire d'apprendre les techniques de montage complexes. Il réclame toutefois beaucoup de précision.

Procurez-vous une mèche à bois spéciale tourillons et conservez-la précieusement pour ce type d'assemblage. Ne l'utilisez pas pour percer d'autres trous. Si vous désirez coller cet assemblage, utilisez des tourillons cannelés, plus faciles à encoller et à enfoncer dans les trous borgnes.

Le rôle du tourillon. Le tourillon est un petit cylindre cannelé et chanfreiné à son extrémité, le plus souvent en hêtre. Il est vendu à la longueur désirée ou prédécoupé dans des diamètres correspondants à ceux des mèches courantes (4, 6, 8, 10 ou 12 mm). Assurant la liaison entre deux pièces de bois, le tourillon est introduit sur la moitié de sa longueur dans chacune d'elles. Si vous devez réaliser de nombreux assemblages par tourillons, munissez-vous d'un guide de tourillonnage. Cet appareil perce les deux trous en vis-à-vis dans la même opération, ce qui limite les erreurs de report.

La réalisation. Toute la difficulté d'un assemblage par tourillons consiste à faire coïncider les trous nécessaires à leur mise en place dans une pièce puis dans l'autre (séquence).

Assembler deux pièces de bois par tourillons

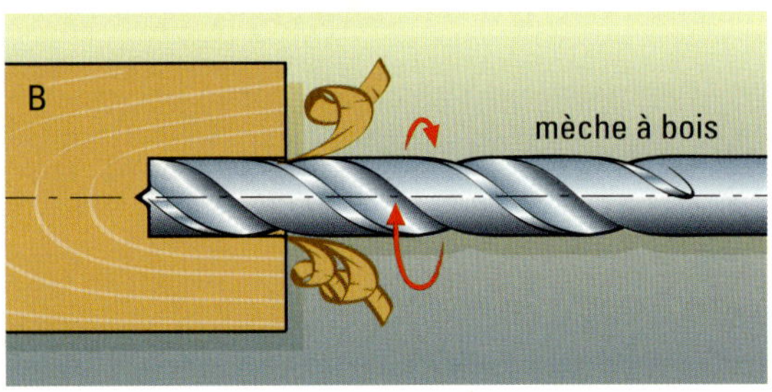

1. Percez les trous dans la pièce B. Utilisez une mèche à bois d'un diamètre correspondant à celui des tourillons. Veillez à réaliser des perçages bien perpendiculaires à la face d'assemblage.

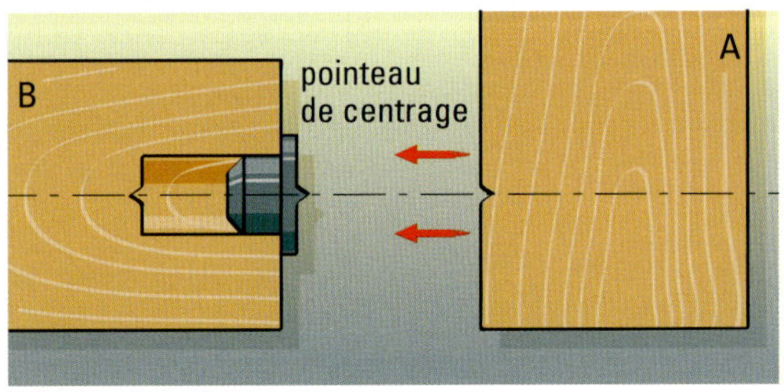

2. Utilisez des pointeaux de centrage. Introduisez-les dans les trous de la pièce B. Présentez la pièce A dans sa position d'assemblage et frappez dessus avec un maillet pour que chaque pointeau marque son empreinte dans la face inférieure.

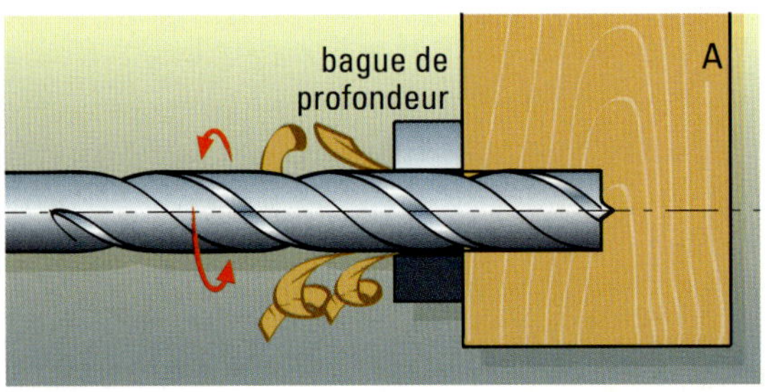

3. Percez la pièce A. Pratiquez les trous avec la même mèche à bois. La bague de profondeur limite le perçage à la longueur voulue.

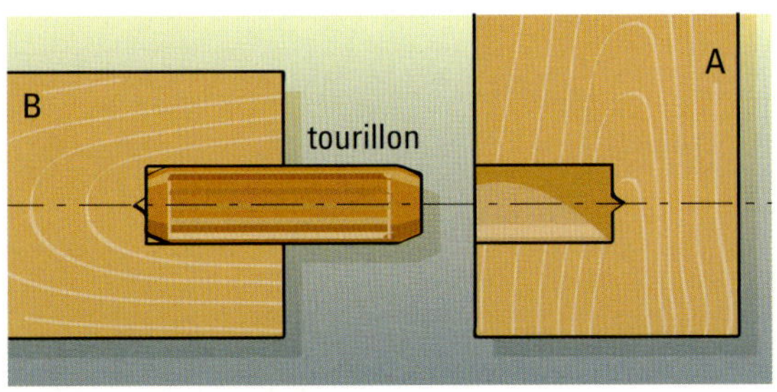

4. Montez les tourillons dans la pièce B. Présentez la pièce A et faites-y pénétrer les tourillons en utilisant un maillet en bois ou en caoutchouc pour ne pas marquer les faces.

Autres types d'assemblages

Parmi les très nombreux modes d'assemblages possibles lorsqu'il s'agit de travailler le bois, celui par rainure et fausse languette et celui par enfourchement vous rendront de précieux services.

Rainure et fausse languette

L'assemblage par rainure et languette le plus courant est celui des lames de parquet. Il est difficile à réaliser par un bricoleur. L'astuce consiste à le remplacer par la technique de la fausse languette. Celle-ci n'est pas taillée dans une des pièces mais ajoutée (croquis 1). Elle est découpée dans du contreplaqué et la rainure est ouverte à la scie circulaire.

▶ Guidez la scie circulaire (croquis 2) le long d'une règle pour obtenir un trait rectiligne sur chaque semelle B. La largeur de la rainure est obtenue par la largeur de la lame de scie.

▶ Si la largeur est trop mince, faites plusieurs passages en déplaçant la règle de quelques millimètres afin d'obtenir la largeur exacte correspondant à l'épaisseur de la fausse languette A.

▶ Encollez les rainures et emboîtez les pièces les unes dans les autres à l'aide d'un maillet. Laissez sécher.

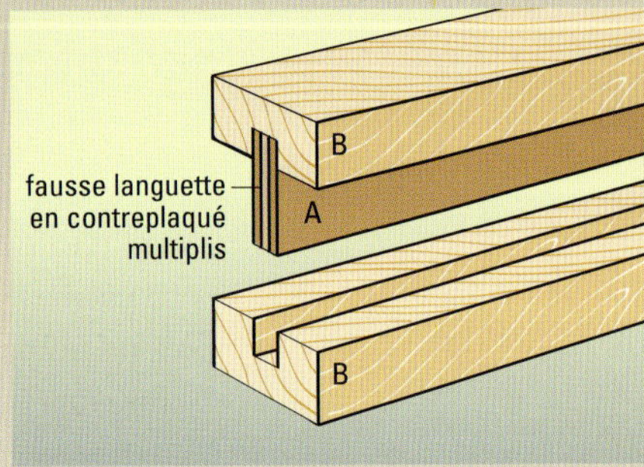

1. Traverse en forme de « I » assemblée par rainure et fausse languette.

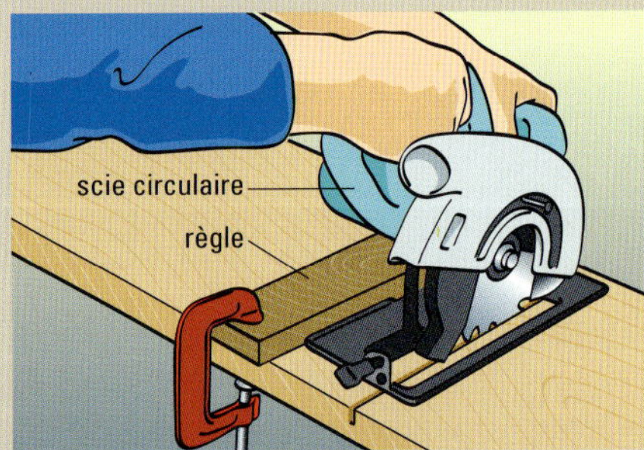

2. En déplaçant une scie circulaire le long d'une règle, la lame découpe une rainure dont la largeur correspond à l'épaisseur de la lame.

Les chevilles plates

Présentant la forme d'un calisson d'Aix-en-Provence, et mesurant quelques millimètres d'épaisseur, les chevilles plates sont proposées en différentes longueurs standard. Elles ne s'adaptent pas dans des trous mais dans des rainures ouvertes dans le chant du panneau à l'aide d'un accessoire spécial, à monter sur une perceuse ou une meuleuse.

Cet accessoire permet d'ouvrir en même temps les deux logements en vis-à-vis destinés à recevoir une cheville.

Plus longue qu'épaisse et de forme ovale, la cheville autorise un très léger jeu à l'assemblage, amplement suffisant pour assurer un raccordement parfait et bien plus facilement qu'avec des tourillons.

De plus, comme la cheville est plate et non ronde, elle peut servir à assembler des éléments de faible épaisseur, inférieure à 10 mm, sans nuire à la résistance du montage et sans abîmer les pièces.

Si vous envisagez de fabriquer régulièrement des éléments de mobilier, l'utilisation des chevilles plates vous sera rapidement familière. L'achat du kit nécessaire à leur emploi est alors indispensable (système Lamello).

Montage par enfourchement

Plus solide que l'assemblage à mi-bois, le montage par enfourchement est souvent utilisé pour monter deux ou plusieurs planchettes à angle droit. Son principal avantage réside dans sa facilité de réalisation car il ne fait appel à aucune colle, ni clou ni vis.
Si cet assemblage se suffit à lui-même, il demande toutefois une réalisation soignée : la moindre erreur fausserait le montage (séquence).
Pour un premier essai, utilisez des planches d'épaisseur identique.

Tenon et mortaise

L'assemblage à tenon et mortaise est l'assemblage le plus courant en menuiserie, en ébenisterie, mais également en charpente. Il en existe des dizaines de variantes et vous pouvez en trouver un exemple page 47. En effet, la desserte à roulettes présentée est réalisée avec ce type d'assemblage, classique et minutieux.

Montage d'étagères par enfourchement

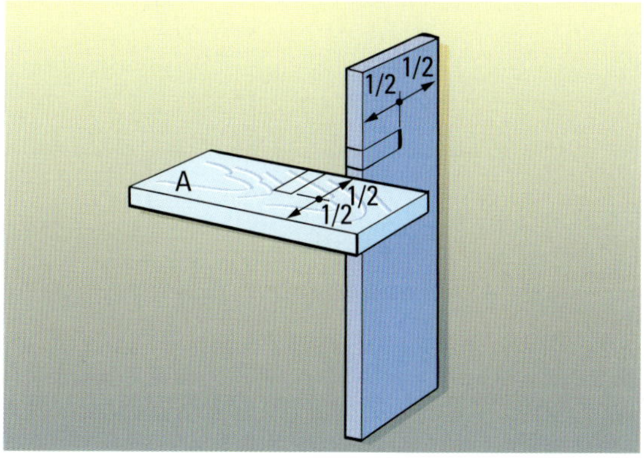

1. Déterminez l'emplacement des entailles. Dans l'assemblage par enfourchement, les deux entailles, de dimensions identiques, s'emboîtent l'une dans l'autre. Tracez précisément la position des entailles à mi-largeur.

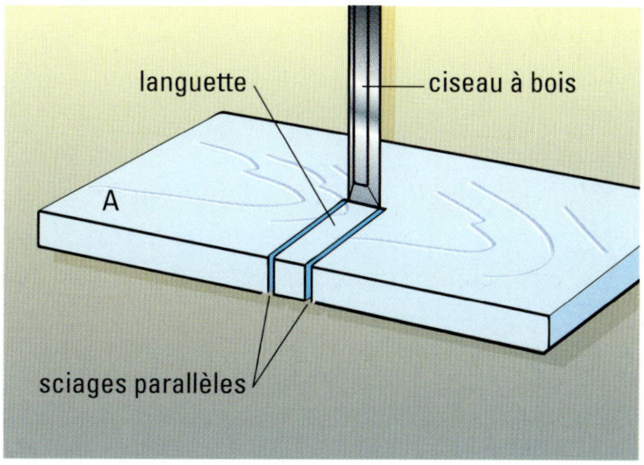

2. Découpez la fente. À l'aide d'une scie à denture fine, exécutez deux sciages parallèles. Puis faites sauter la base de la languette avec un ciseau à bois correspondant à la largeur de l'entaille.

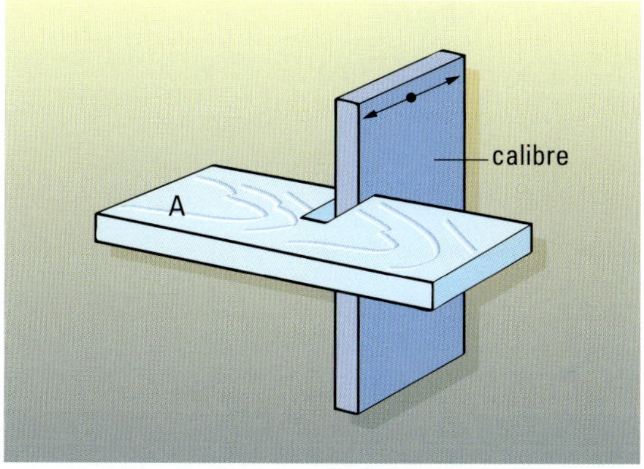

3. Utilisez un calibre. Ajustez la largeur de l'entaille avec une lime plate en prenant pour calibre une pièce témoin, de même épaisseur que la pièce à emboîter. De la même façon, ajustez la deuxième entaille dans la seconde pièce.

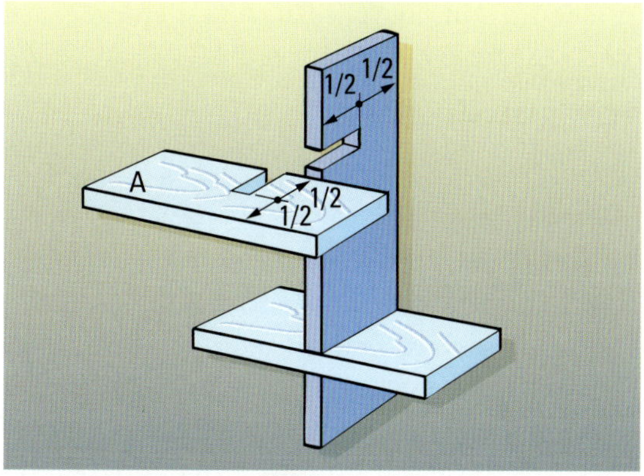

4. Assemblez au maillet. Après emboîtement des pièces dans les deux entailles en croix, l'assemblage se termine à l'aide d'un maillet afin d'obtenir le coincement nécessaire à la rigidité de l'assemblage.

Après une généreuse application d'encaustique, il convient d'attendre 24 heures avant de brosser puis de lustrer au chiffon doux.

Décaper, détacher et entretenir un meuble

Avec le temps, la cire ou le vernis d'un meuble finissent par s'assombrir. Pour leur redonner un nouvel éclat, il faut enlever cette finition et la refaire.

Décirer ou décaper

Le décirage ou le décapage s'effectuent selon des méthodes similaires, seuls les produits changent

Les meubles cirés. La cire s'enlève avec un décireur.

▸ Appliquez le décireur à l'aide d'un pinceau plat.

▸ Frottez la surface avec un tampon de laine d'acier en suivant le fil du bois et en repoussant la cire diluée. Changez le tampon dès qu'il est encrassé.

▸ Rincez la surface décirée avec un tampon imbibé d'alcool.

Les meubles vernis. Un vernis moderne s'enlève avec un décapant pour peinture (séquence). Portez des gants de protection et travaillez dans un local aéré.

Attention, la composition du vernis des meubles anciens est sans rapport avec les formules modernes. Si vous souhaitez remettre en état un tel meuble, n'utilisez que des produits spécialement prévus pour cet usage. Par exemple, l'utilisation d'un décapant dit « universel » risque fort de tourner à la catastrophe. Demandez conseil à votre revendeur.

Avant de décirer ou de décaper

N'intervenez que sur des meubles ou des objets sans grande valeur. Confiez ceux qui sont signés ou d'époque à des professionnels.

Si des taches apparaissent pendant le décapage, éliminez-les avant de procéder aux finitions cirées ou vernies.

Quelle que soit la finition prévue, attendez que les solvants se soient évaporés.

Ne décapez jamais un meuble recouvert de placage : les minces feuilles de bois qui composent ce dernier se décolleraient inévitablement.

Les produits utilisés ne sont pas sans danger pour l'environnement et pour votre santé. Respectez les consignes de sécurité indiquées sur l'emballage.

► Après le décapage, passez un chiffon humide ou imbibé de white spirit, à choisir en fonction de la nature du décapant utilisé. Laissez parfaitement sécher avant de poncer.

Conseils d'entretien

Pour obtenir un bon résultat, veillez à respecter quelques règles :

Sur les finitions cirées. Utilisez exclusivement des produits d'entretien à base de cire d'abeille. Pour éviter les taches, il existe des imperméabilisants incolores.

Sur les finitions vernies. Les vernis modernes se nettoient à l'éponge humide et supportent la plupart des produits d'entretien.

L'encaustique. C'est un mélange de cire et de solvant dont l'application s'effectue au tampon de laine d'acier, à la mèche de coton ou au pinceau. Pour bien faire briller une encaustique, laissez-lui le temps de sécher, au moins une nuit.

Les vernis. Choisissez des vernis en phase aqueuse (les outils se nettoient à l'eau). Évitez d'appliquer plus de deux couches.

Les vitrificateurs. Ce sont des vernis spécialement formulés pour être appliqués sur les parquets et résister à l'abrasion. Autrefois très difficiles à appliquer, ils sont désormais à la portée du bricoleur.

Et sachez qu'il existe aujourd'hui des rénovateurs de surfaces vitrifiées qui permettent de faire facilement disparaître les rayures sur le parquet.

Les lasures. Une lasure pénètre dans la couche superficielle du bois, à la différence du vernis qui reste en surface. Elle résiste mieux au vieillissement à l'extérieur. Surtout, un décapage n'est pas nécessaire pour lui redonner de l'éclat. Un lessivage suivi d'une nouvelle couche suffit.

Décaper un meuble vernis

1. Étalez généreusement le décapant. Utilisez un pinceau en Nylon pour appliquer le produit en couche épaisse. Laissez travailler le produit pendant quelques minutes.

2. Raclez soigneusement la surface. Lorsque le revêtement se craquelle et se ramollit, repoussez-le avec un tampon de laine d'acier. Raclez le bois en suivant le sens du fil.

3. Travaillez à l'horizontale. Si vous utilisez un décapant liquide, pensez à incliner le meuble pour travailler sur une surface horizontale. Vous pouvez racler le vernis qui se décolleau couteau.

Cirer, teindre et patiner le bois

Inversez l'adage : faites du vieux avec du neuf! Avec un peu d'astuce et de patience, vous pouvez donner un aspect ancestral à un meuble fabriqué la veille. Aucune raison de vous en priver.

Une cire d'entretien conservera à vos meubles tout leur éclat.

Cirer

Nos grands-mères avaient l'habitude de cirer fréquemment leurs meubles, tant et si bien qu'ils s'encrassaient à la longue et ne brillaient plus. Aujourd'hui, il est préférable d'appliquer une bonne couche de cire sur le bois soigneusement poncé et dépoussiéré, puis de raviver l'éclat de temps à autre avec un produit d'entretien du commerce.
Selon sa consistance, la cire s'applique à la brosse ou au chiffon de coton.
▸ Faites ramollir la cire sur un radiateur ou au soleil.
▸ Appliquez-la dans le sens du bois, sans faire de surcharge.
▸ Essuyez la couche de cire fraîche avec un chiffon propre, non pelucheux.
▸ Veillez à ne pas encrasser les reliefs. Grattez-les s'il le faut, puis laissez sécher au moins une nuit complète.
▸ Le lendemain, lustrez à la peau de mouton. Si le séchage est correct, vous n'aurez aucune peine à faire briller. Sinon, le brillant ne sera pas uniforme.
À noter: les bois fruitiers et certains bois au veinage serré, tel l'acajou, méritent une « finition antiquaire » qui, plus subtile qu'un simple encaustiquage, permet d'obtenir un beau brillant satiné.

Cire et encaustique

La couleur d'une cire s'assombrit avec le nombre de couches. Évitez alors les tons trop foncés. Pour vous aider à choisir, le revendeur propose souvent un nuancier à proximité du rayon. Mais faites attention tout de même car l'aspect final dépend aussi de la couleur d'origine du bois. Les nuanciers correspondent à une application sur du bois clair, du pin en général.

Cire et encaustique sont aujourd'hui devenus synonymes. En réalité, une encaustique est de la cire en pâte, ramollie par un mélange avec un solvant. Aérez largement la pièce pendant l'application puis le séchage.

Teindre

Grâce aux teintes, il est possible de mettre en valeur à peu de frais un meuble d'apparence quelconque. À l'eau ou à l'alcool, ces produits existent dans une très grande variété de coloris. La patine, quant à elle, rehausse un bois courant en lui donnant plus de caractère.
Pour obtenir un fini régulier, il faut appliquer la teinte de manière uniforme. C'est pourquoi le tampon et l'éponge sont préférables au pinceau.
▸ Mélangez soigneusement la teinte avant de l'appliquer.
▸ Préparez un gros tampon de mèche

de coton. Trempez-le dans la teinte et essorez-le entre les doigts.

► Frottez le tampon sur la surface du bois, d'un geste régulier et dans le sens du veinage. Ne repassez pas sur une section déjà teintée.

► Avec une éponge sèche, essuyez sans tarder afin d'uniformiser l'aspect de la teinte appliquée. N'oubliez pas les chants. Si vous souhaitez renforcer la couleur et faire disparaître les nuances, passez une seconde couche en suivant la même technique.

► Attendez le séchage complet du produit et poncez-le légèrement avec un tampon de laine d'acier fine afin de rabattre les fibres éventuellement relevées. Dépoussiérez avec soin. Une surface teintée peut recevoir une finition vernie ou cirée.

Une tendance actuelle consiste à laisser le meuble que vous venez de fabriquer sans autre finition que son aspect naturel. Mais prenez quand même la peine de passer deux couches de lasure incolore. Le bois résistera mieux aux taches. En principe, la lasure est compatible avec les décors réalisés au pochoir. Mais faites un essai préalable sur une chute pour vous en assurer.

Cirer un meuble façon antiquaire

1. Poncez le meuble soigneusement avec un papier abrasif fin ou avec de la laine d'acier pour obtenir une surface uniforme sans taches.

2. Dégraissez le bois. Passez sur le bois un tampon imbibé d'alcool à vernir. Changez le tampon dès qu'il s'encrasse.

3. Appliquez un fond dur. Imbibez un tampon de mèche de coton et déposez le produit en une couche uniforme. Recommencez deux ou trois fois. Adoucissez la surface avec de la laine d'acier extra-douce.

4. Unifiez la couleur du bois. Appliquez de la mattine, finition riche en gomme-laque, avec un autre tampon de mèche en une ou deux couches. Adoucissez la surface avec un tampon de laine d'acier.

5. Cirez. Après un séchage complet, faites réchauffer une boîte de cire au-dessus d'un radiateur et appliquez-en une couche légère avec une brosse à poils souples. Éliminez l'excédent avec de la mèche de coton.

6. Lustrez. Laissez sécher toute la nuit puis lustrez la surface à l'aide d'une peau de mouton. Si l'encaustique est parfaitement sèche, vous n'aurez aucune difficulté à obtenir le brillant désiré.

Patiner

L'opération consiste à fournir au bois les ombres et reliefs que créent habituellement de longues années d'entretien. C'est un art tout en finesse, facile à maîtriser grâce aux produits modernes.

Avant de patiner un meuble entier, faites-vous la main sur des chutes de bois de même essence. Une patine est plus jolie sur un bois « noble » (fruitier, chêne,...).

L'idéal est de partir sur un bois bien décapé et dégraissé à l'alcool.

▶ Poncez le bois finement.

▶ Appliquez un fond (une couche de teinte régulière) d'un ton clair.

▶ Après séchage, égrenez (polissez) légèrement la surface avec un tampon de laine d'acier, avant de compléter le « maquillage ». La laine d'acier nettoie et ponce sans rayer. Passez-la dans le sens du veinage.

▶ Pour faire ressortir les reliefs, repassez ceux-ci avec une patine à ombrer appliquée au pinceau fin. Essuyez immédiatement avec de la mèche de coton.

▶ La patine à ombrer se fixe en appliquant par-dessus un fond dur. Incolore dès qu'il est sec, ce produit bouche les pores du bois et bloque teinte et ombres. Appliquez-le avec de la mèche de coton.

▶ L'opération suivante consiste à appliquer une mattine, mélange de cire et de gomme-laque. Appliqué en trois couches fines à la mèche de coton, ce produit accentue les reliefs les plus fins et sert de support à la cire.

▶ Il ne reste plus qu'à cirer, à la brosse ou à la mèche, selon la consistance. Veillez à ne pas gorger les reliefs.

▶ Finissez en essuyant, puis laissez sécher et, enfin, lustrez.

Que vos meubles soient en bois brut, ciré ou vernis, vous trouverez dans le commerce un grand choix de produits destinés à leur entretien.

Les vernis modernes

Les vernis d'aujourd'hui sont d'autant plus faciles à appliquer que les outils se rincent à l'eau. Ils vous permettent d'obtenir de nombreux effets: satiné, ciré, brossé, brillant ou « bistrot », sans oublier la gamme de couleurs, aussi large que possible.

Mis à part les vernis actuels, composés de substances chimiques modernes qui les rendent efficaces et moins dangereux, la technique ancestrale du vernis au tampon (à l'alcool) existe toujours et garde un aspect purement traditionnel.

Vernir

La qualité des vernis modernes bénéficie des fruits de la recherche dans le domaine des solvants industriels. L'alcool, qui était autrefois utilisé, a laissé place aux solvants aromatiques, puis aux produits inodores. Cette évolution a été marquée par la mise au point de nouvelles résines entrant dans la composition des vernis.

Vernir au pinceau

Le vernis s'applique au pinceau plat, en plusieurs couches fines croisées sur une surface bien poncée et dépoussiérée (séquence).

- ► Laissez sécher entre chaque couche, puis unifiez avec du papier abrasif fin (n° 320) ou de la laine d'acier extrafine. Le ponçage de la surface unifie le vernis et assure l'adhérence de la couche suivante.
- ► Dépoussiérez et répétez ces opérations deux ou trois fois.

Le vernissage au pinceau

1. Préparez la surface à vernir. Avec un papier abrasif ou une laine d'acier, poncez parfaitement la surface et dépoussiérez-la.

2. Appliquez le vernis en 3, 4 ou 5 couches. Utilisez une queue-de-morue pour tirer le vernis sur toute la longueur de la table sans laisser de surcharge.

3. Réglez le brillant du vernis. Si l'éclat du vernis vous semble trop brillant, polissez la surface à l'aide de laine d'acier extra fine imbibée d'encaustique vierge, en faisant des mouvements doux et réguliers.

4. Lustrez à la fin. Laissez sécher l'encaustique, puis lustrez avec un chiffon de laine. Le chiffon de laine assure un lustrage du vernis en douceur.

Le vernissage au tampon

1. Chargez le tampon d'alcool à vernir (alcool éthylique à 95°) et repliez les quatre coins de la toile. Puis prenez de la « ponce-soie » entre le pouce et l'index et dispersez-la sur toute la surface du meuble, comme pour saler des aliments.

2. Remplissez les pores du bois. Après avoir éparpillé les pincées de cette poudre, polissez la surface avec le tampon imbibé d'alcool, en décrivant des cercles dans un mouvement régulier. Laissez reposer le meuble plusieurs jours.

3. Chargez le tampon de vernis gomme-laque, refermez-le et passez-le sur toute la surface en longues passes rectilignes. Pressez légèrement sur le tampon et continuez les allers et retours, sans oublier les angles.

4. Aidez le tampon à bien glisser. Si le tampon a tendance à coller, déposez une petite goutte d'huile de vaseline sur la toile pour qu'il glisse mieux, mais n'abusez pas de cette astuce, car l'huile risque de tacher le vernis.

5. Poursuivez le vernissage. Rechargez le tampon et passez-le en décrivant de grands 8 pour déposer, chaque fois, une fine pellicule de vernis (au moins 5 ou 6 couches).

6. Ne vous arrêtez pas sur le meuble. Lorsque vous désirez interrompre le mouvement, quittez la surface vers l'extérieur en partant d'un geste vif.

7. Reprenez le polissage après avoir laissé reposer le vernis quelques jours. Pour obtenir une finition parfaite, changez de tampon et rechargez-le uniquement avec de l'alcool.

8. Éclaircissez l'ensemble de la surface en caressant le vernis par de longues passes. Renouvelez trois fois l'opération et laissez le meuble à l'abri de la poussière.

Même si l'on trouve aujourd'hui une vaste gamme de vernis à bois faciles d'emploi, la restauration d'un meuble ancien de valeur nécessite le recours à un professionnel.

► Utilisez le vernis sans le diluer et ne chargez pas trop le pinceau : les couches doivent être minces.

► Après la dernière couche, laissez sécher et durcir plusieurs heures.

► Attendez plusieurs jours que le vernis soit parfaitement sec avant d'installer votre meuble dans la chambre ou le salon.

Vernir au tampon

Ce type de vernissage met particulièrement en valeur les meubles délicats, le placage en loupe et la marqueterie. Soyez patient, vernir au tampon demande des heures d'assiduité.

Les préparatifs. Avant le vernissage, la surface doit être minutieusement préparée et totalement exempte de cire. Les petits accidents (enfoncements, griffures…) seront colmatés avec un bâton de gomme-laque d'une couleur adaptée. Sur des bois neufs ou lorsqu'il s'agit d'un nouveau placage, le ponçage sera particulièrement soigné avec des papiers abrasifs très fins (n° 400). Dépoussiérez la surface et ôtez toute la sciure avec un chiffon humide.

Le tampon à vernir. Tout vernisseur réalise lui-même ses tampons en vue du travail qu'il veut accomplir. Traditionnellement, ils sont composés d'une boule de laine vierge enveloppée dans un carré de toile usagée. Vous pouvez également confectionner votre tampon avec de la mèche de coton et un morceau de drap blanc.

Le vernis facile. Si vous êtes débutant, n'achetez pas votre vernis n'importe où. Chez les professionnels, vous trouverez des vernis au tampon irréprochables, mais trop bien dosés pour un apprenti, et vous risquez de passer des heures à rester collé sur le tampon.

Orientez-vous de préférence vers une enseigne qui assure des cours d'initiation. Vous aurez la possibilité de vous perfectionner sur l'un de vos meubles. De plus, vous y trouverez des kits comme « le tampon facile », diffusés en petits conditionnements et dont les préparations ont été « adoucies » afin d'obtenir une plus grande souplesse d'utilisation (Les Frères Nordin).

La réalisation du vernis se déroule en trois étapes :

Le remplissage, qui consiste à obstruer les pores du bois avec de la pierre ponce finement broyée.

Le vernissage en lui-même, qui doit être réalisé sans hâte.

L'éclaircissage, qui consiste à polir parfaitement la surface ainsi qu'à éliminer les éventuelles remontées de vaseline.

Peindre et céruser

Peindre un meuble neuf ou ancien, qui n'a pas de valeur ou qui manque de caractère, ou auquel on veut donner un effet décoratif, en soulignant ses contours et son relief, est une façon simple et peu coûteuse de le valoriser. L'astuce consiste à appliquer une peinture classique, puis à la vieillir artificiellement avec une patine.

La mise en couleur. Employez de la peinture acrylique.

▶ Appliquez une première couche de blanc mat légèrement diluée. Poncez au papier abrasif fin (grain 240) après séchage.

▶ Appliquez ensuite deux couches de peinture de la couleur choisie (séquence). Laissez sécher plusieurs jours avant de réaliser la patine.

La patine à la cire. L'aspect final du meuble dépend de la finition cirée. Pour souligner les reliefs du bois, appli-

Procédez avant tout au nettoyage, voire au décapage, du meuble : la réussite et la tenue de la patine en dépendent.

Peindre et patiner une console

1. La peinture. Commencez par le piétement et en insistant sur le fond des reliefs. Lissez dans le sens du bois. Laissez sécher. Égrenez (poncez) avec un papier abrasif fin avant d'appliquer la seconde couche.

2. L'effet de patine. Poncez la surface avec un tampon en laine d'acier. Insistez sur les reliefs et donnez-leur un effet usé en faisant ressortir la peinture de fond. Laissez bien sécher.

3. La cire. Appliquez une couche de cire avec un pinceau ou de la laine d'acier n° 000. Après six heures au minimum, appliquez une seconde couche. Laissez sécher.

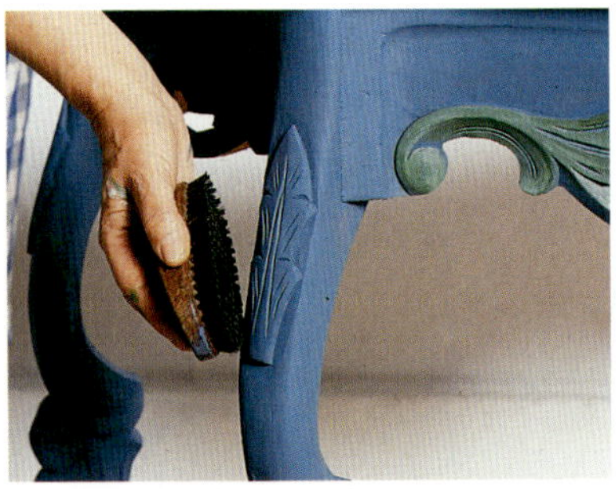

4. Le lustrage. Brossez énergiquement avec une brosse douce ou des chiffons non pelucheux en coton, puis lustrez avec un chiffon doux.

quez d'abord de la cire foncée, puis de la cire blanche. N'encrassez pas les reliefs.

Créer un effet cérusé. Céruser un meuble consiste à colorer son veinage en blanc pour qu'il se détache du fond plus foncé. Cette technique (séquence) s'applique à des bois au veinage prononcé, comme le chêne, le frêne, le châtaignier, etc., mais elle est déconseillée sur des bois aux pores serrés, tels que le hêtre et le merisier, qui présentent peu de veines. Pour creuser les veines, servez-vous d'une brosse métallique, mais opérez en douceur, il ne s'agit pas d'ouvrir le bois. Contentez-vous de gratter la surface, toujours dans le même sens.

► Poncez toute la surface avec une ponceuse vibrante, grattez le veinage à la brosse métallique et adoucissez à l'aide d'un tampon de laine d'acier n° 0 ou un papier abrasif fin, et dépoussiérez soigneusement.

► Appliquez la céruse de façon uniforme. Éliminez le surplus de produit frais au racloir (un gratte-vitre convient aussi très bien) et laissez sécher.

► Après la céruse, la finition peut se faire, indifféremment, à la cire ou au vernis. La première donne toutefois un résultat plus soigné, même s'il réclame un peu d'entretien.

Céruser un meuble

1. Préparez le bois. Avant de céruser, poncez soigneusement. Décapez, détachez et réparez la surface pour faire disparaître les rayures, les enfoncements et les trous.

2. Brossez. À l'aide d'une brosse métallique douce à fil laitonné, agissez dans le sens des fibres pour vider les veines, plus tendres que le bois massif. Adoucissez la surface avec un papier abrasif fin pour supprimer les fibres soulevées par la brosse. Dépoussiérez.

3. Appliquez la céruse. Toujours dans le sens des fibres et à l'aide d'un pinceau plat, faites pénétrer le blanc de céruse dans les pores creusés, puis couvrez toute la surface. Laissez sécher un bon quart d'heure.

4. Atténuez l'effet. Poncez la surface pour éliminer la majeure partie du blanc. Utilisez un tampon de laine d'acier fine et travaillez en tournant pour ne pas vider les pores précédemment blanchis. Dépoussiérez souvent.

Les mots du bois

Hormis les outils (pp. 8-9) et les pièces de quincaillerie (pp. 139-140), vous trouverez ici définis des mots utiles à connaître lorsque l'on travaille le bois.

Abouter. Réunir deux pièces de bois par un asssemblage bout à bout.

Affleurer. Mettre au même niveau les deux parements d'un assemblage.

Aggloméré. Bois reconstitué fait de copeaux encollés et pressés pour réaliser un panneau rigide.

Arête. Angle saillant formé par deux faces.

Assemblage. Un assemblage sert à réunir des pièces de bois entre elles. Le choix d'un type d'assemblage dépend de la nature du bois, de la destination de l'objet, de la résistance désirée, de son caractère esthétique (à mi-bois, à tenons et mortaises, à rainure et languette, par enfourchement, etc.).

Aubier. Partie tendre et pâle du tronc d'un arbre, située entre l'écorce et la partie centrale, elle-même appelée «duramen».

Baguette. Petite moulure demironde.

Bois apparent. Toute surface d'un meuble visible après l'assemblage et la finition du meuble.

Bois de bout. Surface obtenue par une coupe perpendiculaire au fil du bois.

Bois de fil. Surface obtenue par une coupe parrallèle au fil du bois.

Chanfrein. Pan oblique formé par l'usinage d'une arête ou d'un angle.

Chant. Surface la plus étroite d'une planche.

Chantourné. Pièce de bois dont un chant découpé décore une façade.

Chevillé. Meuble dont les assemblages à tenons et mortaises sont bloqués par des chevilles, sans collage, ce qui facilite le démontage.

Corroyer. Aplanir, dresser, dégauchir une pièce de bois.

Dégauchir. Action de dresser en tous sens une pièce de bois. Une pièce de bois est bien dégauchie lorsqu'elle est droite en longueur, en largeur et en diagonale.

Déligner. Couper dans le sens de la longueur.

Dresser. Rendre une pièce de bois droite.

Duramen. Partie centrale et plus foncée du tronc d'un arbre.

Entretoise. Traverses assemblées en H ou en X, destinées à relier la partie basse des pieds d'une table ou d'un siège pour en augmenter la rigidité.

Épaulement. Partie de bois laissée entre la mortaise et le bout d'un montant afin de dissimuler l'assemblage.

Fil du bois. Disposition générale des fibres du bois.

Gerce. Petite séparation des fibres du bois causée par de mauvaises conditions de séchage.

Jeu. Espace permettant l'assemblage, l'articulation, le fonctionnement des pièces mobiles.

Martyr. Pièce de bois destinée à protéger les pièces lors du serrage ou de la frappe.

Mortaise. Entaille destinée à recevoir le tenon lors de l'assemblage de deux pièces de bois.

Onglet. Joint d'assemblage coupé en diagonale.

Piètement. Ensemble des pieds et des traverses d'un meuble.

Planche. Morceau de bois débité plus large qu'épais.

Potence. Ensemble de trois morceaux de bois disposés en triangle pour supporter une tablette ou d'autres objets.

Queue-d'aronde. Ce type d'assemblage traditionnel consiste à découper des créneaux identiques dans chacune des pièces à assembler pour qu'ils puissent s'emboîter en faisant un angle droit.

Section. Profil ou épaisseur d'un tasseau ou d'une planche, exprimés le plus souvent en milimètre.

Tasseau. Baguette de bois de faible section destinée à renforcer un angle, à supporter une tablette, à ceinturer les chants d'un panneau, etc. Les tasseaux sont disponibles sous différentes sections carrées ou rectangulaires et dans des longueurs de 2 à 3 mètres.

Tenon. Extrémité d'une pièce de bois façonnée pour entrer dans une entaille appelée «mortaise».

Tourillon. Petit axe cylindrique en bois dur, employé comme cheville pour renforcer un assemblage. Dans le cas d'un assemblage collé, le tourillon a une surface cannelée pour permettre une meilleure répartition de la colle.

Traverse. Pièce de bois d'un assemblage, qui est placée horizontalement.

Trusquin. Instrument permettant de tracer des traits parallèles sur la surface du bois.

VBA. Vis bois et aggloméré.

Index

Crédits photographiques. p. 6 : © Studio 2001 • **p. 7 :** © Vibel • **pp. 7-8 :** DR • **p. 15 :** © O. Polanco/RBA/T • **p. 17 :** © De Chabaneix/SIC/T • **p. 18 :** © Gallard/Chombard De Lauwe/SCI • **pp. 18 ht-21** : 3 photos © Studio 2001 • **p. 19 :** © Cuc/Blum/SIC/T • **p. 19 ht :** © Lapeyre • **p. 21 :** © Photo12.com/Alamy • **p. 126 :** © Photo12.com/Alamy • **pp. 128-137 :** 11 photos © B. Simon/Système D • **p. 134 bas :** 2 photos © Photo12.com/Alamy • **p. 142 :** © Bootz/Rosensztroch/SIC • **p. 145 :** © J-Charles Gérard/Photononstop • **p. 146 :** © A. Fuksa • **p. 148 :** © B. Simon/ Système D • **p. 150 :** © B. Simon/Système D • **p. 152 :** © Cactus Studio/T • **p. 154 :** 8 photos © B. Simon/Système D • **p. 155 :** © M. Boys/Corbis/T • **p. 156 :** 5 photos © M. Loiseau/SystèmeD.
Pour les photos d'outils, de matériel et de produits non créditées ci-dessus : O. Ploton © Archives Larousse.
1ère de couverture : Chambre et salle de bains - photo © Van Riéle/SIC ; Homme montant une porte - photo © Yves ROBIC ; Rabot - pinceaux - niveau - photos O. Ploton © archives Larousse. 4ème de couverture : Outils à bois - photo O. Ploton © archives Larousse ; Pose de lambris par clipage - 3 photos © A. Fuksa ; Séjour en lambris - photo © Lapeyre.

Photogravure Nord Compo, Villeneuve-d'Ascq
Imprimé en Espagne par MATEU CROMO, Madrid
Dépôt légal : avril 2006
560529/01-11002395 mars 2006